942

Das Buch
Die beiden Bestsellerautoren Christine Westermann und Jörg Thadeusz kannten sich kaum, bevor sie sich in das Abenteuer stürzten, gemeinsam ein Buch zu schreiben. Was hat sie dazu getrieben? Eine riesige Neugier aufeinander: Jeder will herausfinden, wie der andere – anderes Geschlecht, anderes Lebensalter – die großen und kleinen Themen des Lebens betrachtet.
Ihr Briefwechsel ist eine Aufforderung zum Tanz, nur wer hier wen auffordert, ist noch nicht geklärt. Mit großer Anmut, unerwarteten Volten und einem nie versagenden Taktgefühl nähern sich Christine Westermann und Jörg Thadeusz ihren Themen: Liebe, Treue, Eifersucht, Älterwerden, Arbeit und Nichtstun. Sie erhitzen sich darüber, ob Carl Maria von Weber ein »Frauenversteher« war und ob »Frauenversteher« nun ein Schimpfwort ist oder nicht.
Über welches Thema die beiden auch schreiben, stets überraschen sie den Leser mit unerwarteten Ansichten und Schlussfolgerungen, mit Pirouetten oder einem rasanten Marsch übers Parkett.

Die Autorin
Christine Westermann, geboren 1948, lebt als Journalistin und Autorin in Köln. Sie empfiehlt Bücher im Radio und Fernsehen und moderiert Talkshows, u. a. »Zimmer frei« (gemeinsam mit Götz Alsmann). Grimme-Preis 2001. Bei Kiepenheuer & Witsch erschien von ihr: »Baby, wann heiratest du mich?«, KiWi 549, 1999, und »Ich glaube, er hat Schluss gemacht«, KiWi 602, 2000.

Der Autor
Jörg Thadeusz, geboren 1968, zunächst Liegewagenschaffner und Rettungssanitäter, heute Journalist, Moderator und Autor. Für seine Außenreportagen bei »Zimmer frei« erhielt er den Grimme-Preis. Er moderiert die Talksendung »Thadeusz« im RBB-Fernsehen, den »Poetry-Slam« im WDR und mehrere Sendungen im RBB-Radio. Bei Kiepenheuer & Witsch erschien von ihm: »Rette mich ein bisschen«, KiWi 770, 2003, und »Alles schon«, KiWi 841, 2004.

Christine Westermann

Jörg Thadeusz

Aufforderung zum Tanz

Eine Zweiergeschichte

Kiepenheuer & Witsch

2. Auflage 2009

© 2008 by Verlag Kiepenheuer & Witsch, Köln
Alle Rechte vorbehalten. Kein Teil des Werkes darf in
irgendeiner Form (durch Fotografie, Mikrofilm oder ein
anderes Verfahren) ohne schriftliche Genehmigung des
Verlages reproduziert oder unter Verwendung elektronischer
Systeme verarbeitet, vervielfältigt oder verbreitet werden.
Umschlaggestaltung: Barbara Thoben, Köln
Umschlagmotiv: © Bettina Fürst-Fastré
Satz: Pinkuin Satz und Datentechnik, Berlin
Druck und Bindearbeiten: CPI – Clausen & Bosse, Leck
ISBN 978-3-462-03677-0

Inhalt

Über das Briefeschreiben   9

Lieber Jörg
Liebe Christine   13

Über das Kennenlernen   201

Über das Briefeschreiben

Als ich den ersten Liebesbrief bekam, glaubte ich noch, ich würde ihn niemals mehr aus der Hand geben.
Es würde nicht bei dem einen bleiben, weder Brief noch Mann, aber das konnte ich damals nicht wissen. Die Lieben gehen, die Briefe bleiben. Im Kino machen sie es sich mit der Entsorgung einfach: Die schöne Geliebte schnürt die Schmachtfetzen mit einem samtenen Band zu einem handlichen Päckchen, bettet sie sanft in eine edle Schatulle und verstaut sie sachte in der hintersten Schrankecke. Nur an den entsprechenden Jahrestagen kommen die Liebesbriefe noch mal ans Kerzenlicht, um in aller Heimlichkeit Wort für Wort ihren abgestandenen Zauber zu entfalten.
Nix da. Bei mir entfaltet sich gar nichts, bei mir knittert es höchstens. Um an meine Liebesbriefe zu kommen, muss ich in keinen Schrank kriechen, sondern am Schreibtisch hinter mich greifen. In das Regal mit den Aktenordnern. Ich habe meine Liebesbriefe abgeheftet wie alte Rechnungen, für die ich bezahlt habe. Ein ordnendes System gibt es nicht, ich habe nicht alphabetisch,

geografisch oder jahreszeitlich sortiert, sondern einfach so, wie sie mir in die Hände fielen. Jetzt hängen sie zwischen der vergilbten Todesanzeige meines Vaters. Einer Aufenthaltsbescheinigung der Stadt Wiesbaden. Einem Uraltzeitungsausschnitt, der sich mit den Feierlichkeiten zur 5000. Ausgabe der Fernsehsendung »Drehscheibe« befasst. Einer Adressenliste der Oberprima Klasse A zum Klassentreffen 1988. Einem Brief meiner alten Mathenachhilfelehrerin.

Der Ordner ist beschriftet mit den Stichworten: Versicherungen, Horoskop, Echo, Ehe. Nichts von dem findet sich innen wieder, keine Ahnung, was ich mir dabei gedacht habe. Wenigstens ist er rot, der Ordner. Kleines Zugeständnis an den verschmähten Inhalt. Damit ein Liebesbrief in einen Aktenordner passt, braucht er zwei Löcher. Logisch, dass es beim Ausstanzen manches liebe Wort böse erwischt. Die amputierten Buchstabenteilchen taugen höchstens noch als Material für eine verbalerotische Konfettiparade. Wenn ich die Liebesbriefe von damals lese, kommen sie mir vor wie aus einem anderen Leben … aus vielen anderen Leben. Und ich komme zu der einfachen, aber faszinierenden Erkenntnis, dass alles seine Zeit hat. Und den Ordner dafür. Die Liebesbriefe aus der Jetztzeit sind zwar auch abgeheftet, aber das ist mir schwergefallen. Das Gefühl von damals war wieder da: sie am liebsten nicht aus der Hand geben zu wollen. Mehr wird nicht preisgegeben, alles Weitere fällt jetzt mal unter das Briefgeheimnis.

Wenn ich an Briefe in meinem Leben denke, sortiere ich

im Kopf übrigens gleich nach Farben. Die Kuverts, die in müden Pastelltönen oder scharfem Blau und Braun daherkommen, verheißen nichts Gutes. In den dazugehörigen Briefen weigert sich dann sicher die Krankenkasse, die Zahnreparatur für drei oben senkrecht zu bezahlen, oder das Finanzamt fordert kategorisch einen Nachschlag, und zwar sofort, am liebsten aber noch vorgestern.
Was dagegen in weißen Umschlägen steckt und mit Füllerschrift adressiert ist, verspricht schön zu werden, zumindest schön persönlich. Wenn ich jemandem, den ich sehr mag, eine Freude machen möchte, dann schreibe ich ihm. Nicht auf dem Handy, nicht via E-Mail – mit der Hand auf feinem Papier.
Bei der Erinnerung an Briefe, die ich mit Bedacht geschrieben habe, fällt mir gleich der Brief an Herrn Willich ein. Seinen Vornamen habe ich nach vier Jahrzehnten vergessen. Dieser Brief hätte sicher einen jener unangenehmen Umschläge verdient gehabt, drohendes Grün oder mieses Blau. Herr Willich war von Beruf Bankberater, und ich war von Beruf noch nichts. Volontärslohn konnte ich vorweisen, zu wenig, um an Herrn Willich vorbei zu einem Kleinkredit zu kommen. Wie viel Nichts ich war, hat mich Herr Willich deutlich spüren lassen. Das wollte ich ihm gern heimzahlen, mit Barem ging es nicht, aber ich hatte genug Worte. Ich schrieb ihm einen Brief. Dass einer wie Herr Willich kein »Sehr geehrter ...« sein konnte, stand für mich fest. Das standardisierte »hochachtungsvoll« am Ende kam natürlich auch nicht in Frage, Hochachtung vor kleinkarierten

Knipsern wie ihm habe ich schon damals nicht verspürt. So endete und schloss der Brief mit einem knappen »Tag, Herr Willich«. Das war zwar reichlich kindisch, aber ich muss noch heute bei dem Gedanken heimlich grinsen, wie peinlich genau ich damals auf die Vermeidung von Worthülsen bedacht war, um den Eindruck von Freundlichkeit gar nicht erst aufkommen zu lassen.

Schreibe nur, wie du reden würdest, und du wirst einen guten Brief schreiben. An Goethes Rat habe ich mich gehalten, als ich Jörg Thadeusz während unseres Briefwechsels Dinge aus meinem Leben erzählt habe. Ich habe Briefe an einen mir fast Unbekannten geschrieben, aber an einen, den ich aus der Distanz immer gemocht habe. Und mag.

Bücher sind nur dickere Briefe an Freunde, hat mal jemand gesagt. Stimmt. Es ist ein dünnes Buch geworden, aber geschrieben von zweien, die darüber dicke Freunde geworden sind.

Brieffreunde eben.

Christine Westermann

Liebe Christine
Lieber Jörg

Die linke Hälfte Deines Gesichts,

die ernste Hälfte ...

Lieber Jörg,

Rechts, glaube ich. Rechts siehst Du fröhlicher aus als links. Vor mir liegt ein Foto von Dir. Über die eine Hälfte Deines Gesichts habe ich ein Blatt Papier gelegt. Ich sehe eine halbe Stirn. Die vormals dichten Haare dort haben sich wie auf ein stilles Kommando zurückgezogen. Ich überlege kurz, wie Du wohl mit Hut aussehen würdest.
Jedenfalls bist Du kein Baseballkappentyp, oder?
Ich empfehle ein Modell mit Fell. Trapper 2000, für den

Christine an Jörg

16 seriösen Herrn mit Hang zum Abenteuer. Pelzkranz mit Fuchsschwanz würde auch zu Deinen buschigen Augenbrauen passen. Jedenfalls zu der einen, die ich sehe. Sie hat ansteigende Tendenz, während sich das Augenlid eher nach unten orientiert. Dein Auge sieht mich nicht an, ich werde das Gefühl nicht los, es guckt absichtlich an mir vorbei. So als wollte es sagen: »Schau mich nur in Ruhe an, das kann ich gut aushalten. Aber Obacht, wenn ich zurückgucke!«
Ich nehme mir Zeit, versuche ohne Erfolg, Deinen Blick in meine Richtung umzuleiten. Wollte ich Dir schmeicheln, würde ich sagen, Du hast ein Sternchen im Auge. Da ich noch nicht weiß, ob ich Dir schmeicheln möchte, bleibe ich neutral und sage, es ist ein heller Fleck. Keine Ahnung, wieso mir jetzt Leuchtturm einfällt. Ich stelle mir den Fleck wie das Lichtzeichen eines Leuchtturms vor, das sich in Deiner Pupille spiegelt. Man könnte Dir in ein Auge gucken und sich einbilden, irgendwann in einem sicheren Hafen anzukommen.
Das Blau Deines Auges ist einfach nur blau. Ich habe es lange angeguckt, aber mehr fällt mir nicht ein. Blau. Das ist besser als lauwarm. Neulich habe ich in einem Roman gelesen: »Seine Augen waren von einem lauwarmen Blau.« Ich finde, das ist so ziemlich das Dämlichste und Unerotischste, was man über eine Augenfarbe schreiben kann. Zumal das Lauwarm-Blauauge in der Geschichte einen heftigen Temperatursturz erlebt. Als der Begehrer nämlich auf Seite 112 die Dame seines Herzens ansieht, legt sich sein Blick auf sie »wie leichter Frost«, und wenn

Die linke Hälfte Deines Gesichts, die ernste Hälfte …

er ihn abwendet, hat sie das Gefühl, »als wäre ihre Haut mit einem Gitternetz überzogen«.
Wenn Du bei einem Buch schon mal bis Seite 112 vorgedrungen bist, liest Du dann unbeirrt weiter, auch wenn Dich ein lauwarmes Blau oder ein Gitternetz kurzzeitig aus der Kurve tragen? Das Gitternetzsyndrom will sich bei mir auch nach längerer Betrachtung Deines blauen Auges nicht einstellen, deshalb kümmere ich mich jetzt um Deine Nase. Schwierig zu beschreiben. Nasen sind nur imposant, wenn man sie am Stück sieht. Eine halbe Nase macht nichts her, was erstaunlich ist, wenn man weiß, was sie als Ganzes in einem Gesicht anrichten kann. Dein Kinn, jedenfalls der Teil, den das Papier frei gibt, sieht aus wie eine Babyfaust. Ein Kinn an sich finde ich nicht besonders aufregend, es sei denn, es ist im Begriff zu fliehen. Dein halbes Kinn sieht so aus, als fühlte es sich in Deinem halben Gesicht ganz wohl und wollte länger bleiben. Vielleicht, weil sich in seiner unmittelbaren Nähe genau jene Stelle befindet, von der die verborgene Fröhlichkeit ausgeht. Der Mund, an dessen Ende die kleine Kerbe sitzt. Wenn ich ihn mir länger anschaue – mir tränen schon die Augen –, bin ich mir sicher, dass von dort jene magische Bewegung ausgeht, die Dir die Freundlichkeit ins Gesicht zaubert. Vermutlich gibt es irgendwo einen Schalter, den man nur von »dimmen« auf »volle Power« stellen muss, und schon kommt Leuchten in Dein Gesicht. Auch auf die andere, die ernste Seite. Ich gebe zu, es ist viel Fantasie im Spiel, wenn man bedenkt, dass ich von Dir nur vier Zentimeter hochkant sehe.

Christine an Jörg

18 Wenn Du mal eben aufschaust, wen siehst Du? Stehen Fotos auf Deinem Schreibtisch, auf der Vitrine? Hängen sie am Kühlschrank oder überm Bett? Hast Du überhaupt eine Vitrine? Sind es Deine Eltern? Bist Du es? Deine Freundin? Männer, Kinder, Tiere, Schiffe? Ein Fußballverein? Mit Fotos in Sichtweite bin ich bei der Arbeit am Schreibtisch schwer gefährdet. Mein Herz geht bei ihrem Anblick auf Reisen, und in der Vergangenheit angekommen, spürt es dann liebend gern noch mal nach, wie es war, wo es war. Den Schreibtisch habe ich deshalb vorsichtshalber zu einer erinnerungsfreien Zone erklärt. Von der Kastanie abgesehen. Die liegt seit letztem Herbst da. Das Jahr davor gab es auch eine. Die Sache mit der Kastanie ist seit bestimmt dreißig Jahren ein Ritual, eine Erinnerung, die nicht verblassen soll. Aber das ist eine andere Geschichte.
Außer der eingedellten Kastanie das Übliche. Papierkram, Bleistifte, Büroklammern, Unordnung und eine Flasche Mineralwasser. Grünes Glas. Ich muss sie nicht anfassen, um zu wissen, dass der Inhalt warm und abgestanden schmeckt. Ist bei grünen Mineralwasserflaschen immer so. Warum ich sie dennoch gekauft habe, weiß ich nicht mehr. Eigentlich gehören grüne Wasserflaschen zum festen Inventar im Zimmer eines Krankenhauses. Wie der Zettel mit der Sprechstunde des Seelsorgers und das angelutschte Hustenbonbon. Das habe ich jedenfalls so als Bild im Kopf. Direkt neben der Flasche und der Kastanie auf meinem Schreibtisch liegt Dein Buch mit Deinem Foto und dem Papier, das die ernste, die linke

Hälfte Deines Gesichts verdeckt. Den Trick mit dem Papier hat mir mal ein Fotograf gezeigt.
Funktioniert immer. Bei jedem Menschen. Bei mir ist es links. Links sehe ich, glaube ich, fröhlicher aus als rechts. Es ist erstaunlich, wie sich das Gesicht eines Menschen verändert, wenn man zwei Hälften aus ihm macht. Wenn ich jemanden noch nicht kenne, mache ich das manchmal: halbe-halbe.
Dich kenne ich noch nicht, aber das möchte ich ändern. Es reicht der Blick in Dein rechtes Auge, um mir da sicher zu sein. Ab jetzt sehe ich mit großer Vorfreude Deiner Antwort entgegen.

Viele Grüße von
Christine

Eine sinfonische Miniatur,

die »Christine« heißen dürfte ...

Liebe Christine,

🚶‍♂️ ich habe 94 Bilder von Dir zur Auswahl. Dabei habe ich noch nie mit Dir vor einer Sehenswürdigkeit gestanden und den schlimmen Satz gesagt: »Stell Dich mal dahin.« Wobei es heute beinahe liebenswürdig erscheint, wenn sich eine Gattin zinnsoldatig hinstellt, mit der sicheren Gewissheit, auf dem Schnappschuss nur als ein formloses Bündel Funktionskleidung vor einer riesig wirkenden Kathedrale zu erscheinen. Der Gatte in Beige – Du hast den Stadttouristen alter Schule bestimmt

Jörg an Christine

vor Augen – verzweifelt an den vielen Funktionen seiner Spiegelreflexkamera und kompensiert sein Scheitern mit Anherrschen: »Guck doch nicht immer so doof!«

Mittlerweile ein überholtes Klischee. Denn heute fotografieren sich immer alle. Werden zu grob gepixelten Fratzen in Handy-Displays.

Weil die Zeiten so modern sind, habe ich 94 Bilder von Dir. Ich habe Dich gegoogelt. Vor zehn Jahren hätte darunter jeder etwas Frivoles verstanden. Heute wissen viele, dass damit auch vorverlegtes Kennenlernen am Computer gemeint sein kann. Einfach den Namen in die Suchmaschine eingeben, und schon kommt einiges zutage. Ich weiß nicht, warum, aber ich finde, dass man einen anderen Menschen nur heimlich googeln darf. So wie man nur heimlich in seinen Tagebüchern lesen oder ohne Erlaubnis durch seine Fotoalben schnüffeln darf. Beides total verboten, aber letztlich viel aufschlussreicher als die Computerrecherche.

Denn die Suchmaschine liegt jenseits nüchterner biografischer Fakten immer daneben. Die vielen Einträge machen nichts anderes als die Handy-Kameras. Sie liefern ein verpixeltes Bild, das eher unkenntlich macht. Über Dich verrät das Internet, dass Du in Deiner nächsten Show nicht mehr mit den Armen rudern möchtest, angeblich eine alte Häsin am WDR-Mikrofon bist und Organspenden gut findest. Auf den Bildern sind die Haare mal kurz und mal länger. Auf einem Foto brennt Dir ein helles Licht ins Gesicht, als hätte Dich die Polizei in San Francisco nach einer amtlich schwer genommenen Leichtfertigkeit erkennungsdienstlich behandelt.

Also vergessen wir die 94 Bilder und die manchmal regelrecht ärgerlichen Texte. Schließlich kann ich mir ein eigenes Christine-Bild auf die Festplatte im Kopf laden. Nehmen wir an, ich wäre musikbegabt, vielleicht Komponist, dann könnte ich nach unseren wenigen persönlichen Begegnungen eine sinfonische Miniatur abliefern, die »Christine« heißen dürfte.

Die Piccoloflöte würde den Anfang machen, so sachte, wie Dein Lächeln in einem Mundwinkel beginnt. Dann würde ich das Lachen heraufbeschwören, das sich harmonisch im ganzen Gesicht ausbreiten kann. Alle Streicher würden folgen, und wehe, sie halten keinen warmen Ton, genauso wie die braunen Augen den Angesehenen umschmeicheln. Hin und wieder würden die Hörner einen brummigen, verblüfften Akzent setzen, die musikalische Entsprechung des erstaunten Ausdrucks, den ich schon häufiger in Deinem Gesicht gesehen habe. Eben keine abgeklärte »alte Häsin«, sonst könnte ich ja auch die abgeklärten Trompeten arrogant schmettern lassen. Mit der Harfe wäre die Radio-Christine gemeint, die ich schon so oft gehört habe. Gekonnte Töne, ungefähr so, wie Du am Mikrofon die Worte zupfst. Den Mann an den Pauken und die Posaunisten müsste ich nach Hause schicken, weil ich mir das Laute bei Dir nicht vorstellen kann. Noch nicht. Wahrscheinlich bin ich noch zu sehr Fan und bewundere unkritisch Deine Samtigkeit. Wann wirst Du wohl posaunenlaut? Im Auto? Dann wo-

Jörg an Christine

möglich sogar auf Kurpfälzisch? In einer Ohrmuschel, die nördlich des Mains gewachsen ist, haben mannheimerische Sprachgeräusche allenfalls Naturvolk-Charme. Oder entfahren Dir laut Kraftausdrücke, wenn Du von dem Wasser aus der grünen Flasche trinkst, das Dir selbst zu Klinikbrühe verteicht ist? Doch, doch, auch auf meinem Schreibtisch kompostiert es. Zum Beispiel die Briefe des Berliner Polizeipräsidenten, die der Mann selbst nie gesehen hat. Die auch vom Sheriff von Nottingham kommen könnten. Weil ich heuchlerisch mit »Lieber Verkehrsteilnehmer« angesprochen werde, obwohl ich vor allem Geld hergeben soll, aber dalli. Der Karteikasten mit dem Visitenkartenchaos. Einst mit Überheblichkeit gekauft. Gäbe es an mir eine entsprechende technische Vorrichtung, hätte die Karteikastenverkäuferin auf der Videotexttafel lesen sollen: »Bewundern Sie mich, vor Ihnen steht ein zukünftiger Ordentlicher.«
Zwei Fotos meiner Liebsten. An denen sie nicht mag, dass ich sie mag. Eins zeigt sie bei einer Afghanistan-Dienstreise in einer tarnfleckigen Splitterweste. Auf dem anderen Foto unterstreicht die knallrote Zipfelmütze eine lediglich physische Zwergigkeit. Wahrscheinlich kannst Du nur davor warnen, dass sich Partner gegenseitig in Cartoonwelten einordnen. Zumal ich damit hadere, eine schwarz-orange Katze namens Garfield sein zu müssen, wenn ich mir vor einem eleganten Ausgehen die Smokingfliege zurechtzupfe. Aber die hängenden Lider sind Dir auch nicht entgangen. Von der Beobachtung ist es nicht mehr weit bis zum verheerenden Vergleich.

Jetzt lehne ich mich noch zum Fenster raus, denn tatsächlich hängen 94 Westermann-Bilder im Netz. Aber auf einem bietet ein Versicherungsbüro Westermann Rundumschutz an. Dass man Deiner rundum sicher sein will, so was findest Du sicher bedrückend, oder? Kannst Du das Geheimnis der Kastanie preisgeben? Oder ist das noch heimlicher als die Nachtwäsche? Nach der ich höchstens aus kompositorischen Gründen fragen würde, weil ich nicht sicher bin, wie ausführlich lasziv ich die Klarinette einsetzen soll.

Jörg

*Und uns hin und wieder auch mal
auf die Füße treten.
Wahlweise mit Stiefeln
oder Lackschuhen.*

Lieber Jörg,

bestechende Idee mit der Klarinette.
Ganz insgeheim finde ich allerdings ein Cello passender, um sich jemandem taktvoll zu nähern. Kommt uns beiden auch von der Form her entgegen. Oder sagen wir mal: mir. Ich wäre nämlich gern das Cello, dazu fallen mir viele Bilder ein, ganz ohne Internet und Google, einfach nur so im Kopf.
Und romantischer ist es obendrein.
Dafür kann ich aber nichts. Daran ist Carl Maria von

Christine an Jörg

28   Weber schuld. Der galt unter den Musikern seiner Zeit als Romantiker.

Romantiker, das altmodische Wort für Frauenversteher, wie Du einer bist. Oder denke ich nur, dass Du denkst, Du könntest einer sein?

Ich glaube, ich bin ein Männerversteher, und deshalb schlage ich vor, wir machen es jetzt wie im richtigen Leben: Die Frau nimmt die Sache in die Hand und fordert den Mann zum Tanz auf.

»Aufforderung zum Tanz« heißt ein wunderschöner Walzer, den der Frauenversteher Weber komponiert hat. Du hast natürlich Gelegenheit, Dir zu überlegen, ob Du Dich darauf einlassen willst. Bei Weber und seinem Walzer beginnt die Aufforderung mit der zart einladenden Frage des Cellos. Das wäre jetzt also mal ich. Die Frage geht im Original an eine unbekannte Schöne. In unserem Fall an Dich.

Ganz unbekannt bist Du mir allerdings nicht, doch schön sympathisch siehst Du aus. Bei der Aufforderung nähert sich das Cello poetisch, ritterlich, anmutig. Nichts leichter als das. Dennoch zögerst Du – gut, in der Weber'schen Version. Aber in unserer Wirklichkeit entspricht das überhaupt nicht Deinem Naturell. Du machst Sachen Hals über Kopf, oder irre ich mich da?

Aber bleiben wir mal bei der Gebrauchsanleitung dieses unsterblichen Walzers, wie ihn der Musikführer beschreibt. Wir hören das Cello, also mich, die Tänzerin, ruhig suchend, dann wählend zum begehrten Mann schreitend.

Wenn wir jetzt, wie von Carl Maria vorgeschlagen, weitermachen würden, käme als Nächstes anmutiges Wiegen. Ist mir ein Vergnügen, ich kann einen Walzer links- und rechtsherum. Übrigens, ich führe gern. Lässt Du Dich leicht führen? Von Frauen auch?

Während wir uns wiegen, könnte es – falls wir einmal rein theoretisch den musikalischen Anweisungen des Romantikers folgen wollen – zum Aufbrausen bacchantischer Lust kommen, die sich aber sogleich sittlich mildert und mäßigt. Zum Takt des herrlichen Walzers schweben wir jetzt durch den Saal. Ein Walzer in einem von tausend Kerzen erleuchteten Saal macht die Herzen so trunken, dass ihre Schüchternheit vergeht – jetzt reicht's: Das Bild kippt.

Schüchtern bist Du beileibe nicht, auch wenn Du, was Deine sinfonische Miniatur angeht, von einem tapsigen Versuch sprichst. *Fishing for compliments* heißt das heute, früher hat man es kokettieren genannt. Ein treffendes Wort finde ich, so als ob sich einer zu schöner Musik gerne um sich selbst dreht, wie bei einem Walzer.

In Deinem Fall sicher nicht tapsig. Wenn das tapsig ist, was Du Dir ausdenkst, dann wüsste ich gerne mal, was passiert, wenn Du die vermeintlich groben Stiefel ausziehst und in schwarz glänzenden Lackschuhen die Person Deiner Wahl umtänzelst.

Person Deiner Wahl. Brutal neutral gehalten. Mit Absicht. Ich weiß nicht, wie Du auswählst. Ungestüm? Oder nur unbedacht? Bedenkenlos? Mir kommt die Osnabrückerin, von der Du mal erzählt hast, in den Sinn oder

Christine an Jörg

jene Frau, die eine Sonnenfinsternis in Deinen Augen zu erkennen glaubte. Oder die Verfänglichkeit, für die Du empfänglich bist.
Und die Frau mit der Tarnjacke auf Deinem Schreibtisch. Zieht sie die aus und wechselt in den Nahkampfanzug, wenn eine Telefonnummer nicht tief genug in Deinem Visitenkartenzettelkasten verschwunden ist?
»Meine Liebste«. Eine Zärtlichkeit, die für klare Verhältnisse sorgt. Der Superlativ scheint wissend gewählt. Die Liebste. Was Liebes, sogar was Lieberes muss sich zwangsläufig hinten anstellen. Liegt jetzt nahe, dass ich mit meinen Kosenamen herausrücke. »Süße« könnte ich anbieten, »Baby« ist mir noch gut im Ohr. Wenn ich ganz weit in meiner Erinnerung zurückgehe, dann höre ich »Schäfchen« oder »Mausi«. Die Kosenamen meiner Eltern für mich. Aber wie haben sie sich wohl genannt, wenn sie nahe beieinander und das Schäfchen außer Hörweite war?
Ich erinnere mich an nichts. Vielleicht gibt es auch nichts, an das ich mich erinnern müsste. Weißt Du etwas über die Kosenamen Deiner Eltern? Oder darf man das gar nicht wissen? Als Kind nicht und als Erwachsener schon gar nicht? Ist das Liebesleben der eigenen Eltern ein verwunschener oder ein brachliegender Lustgarten? Ist es einer, dessen Betreten den Nachkommen für immer und ewig und bei Strafe verboten ist?
Neulich hat ein Schriftsteller angeregt, die Kinder sollten das Lesen und Schreiben an den Liebesbriefen der Eltern studieren. Mutiger Vorschlag. Was passiert, wenn man als

Kind nicht genug zärtliche Buchstaben entdeckt? Wird man dann später zwangsläufig zu einem Liebesanalphabeten?

Die Liebesbriefe der Eltern zu lesen, scheint mir verwerflicher zu sein, als heimlich in anderer Leute Tagebücher zu blättern. Ich spüre ein Gefühl der Scham, wie damals als Kind, wenn man etwas Verbotenes gehört hat.

Diesen Weber mit seiner Aufforderung zum Tanz, den hatte mein Vater als 45er im – nein, einen Plattenschrank hatten wir nicht. Bei uns kam die Musik, auch die klassische, aus dem Radio. Ein riesiger Kasten mit gehäkelter Vorderseite, einem grünen Auge und weißen Tasten. Über dem Auge konnte man einen Deckel aufklappen, und zum Vorschein kam ein Plattenteller. Den Weberwalzer hat mein Vater oft aufgelegt, mir zuliebe. Ich habe mitgesummt, mitgetanzt, mitgefühlt.

Nach dem letzten Walzerschritt ist der Tanz normalerweise nicht zu Ende, sondern die Dame geleitet den Herrn an seinen Platz zurück, wo sie ihm mit Reverenz ihren Dank abstattet. Das heißt auf Neudeutsch, ob wir vielleicht noch etwas trinken wollen. Die Frage, ob bei Dir oder mir, ist bei uns schnell beantwortet: Du bei Dir und ich bei mir.

Aber ich hoffe, dass wir uns trotz der Entfernung nahekommen.

So nah, dass wir uns trauen können, auch etwas von uns preiszugeben. Mit der Aufforderung zum Tanz hat es angefangen. Ganz egal, wer in den kommenden Briefen die Führung übernimmt, ich glaube, wir werden uns

stets um die Dinge des Lebens drehen. Und uns hin und wieder auch mal auf die Füße treten. Wahlweise mit Stiefeln oder Lackschuhen.
Manchmal sogar mit Absicht. Und wenn wir uns nah genug sind, könnte ich Dir sogar die Geschichte von der Kastanie erzählen. Mal sehen. Vielleicht ist es aber dafür auch am Ende noch zu früh.

Mit einem kleinen Knicks und vielen Grüßen
Christine

PS: T-Shirt, weiß, Größe L

Nein, ich fürchte,

ich kann nicht richtig führen.

Aber ich würde mit Dir Walzer tanzen.

Liebe Christine,

den Tanz kann ich mir ja wohl abschminken, weil ich mir mit meiner Antwort zu viel Zeit gelassen habe.
Oder wie lange gilt es, wenn eine Frau zum Tanz auffordert? Ich kenne nur ein Nicken, vielleicht begleitet von einem »Los jetzt«. Was mehr sagen soll, als die zwei Worte ausdrücken. »Los jetzt« heißt: »Oder möchtest Du stumpf weitertrinken und zu den Tanzverweigerern gehören, die sich wegen ihres schwachen Egos nicht auf

Nein, ich fürchte, ich kann nicht richtig führen. Aber ...

die Fläche trauen?« Die Angst, die einen Mann bei einer Aufforderung zum Tanz befällt, hat die von mir sehr geschätzte Band SEEED präzise zusammengefasst: Tanzen kann unangenehm sein, »weil Du denkst, dass Deine Kiste nicht so swingt, wie sie swingen müsste«.
Lege ich Dir sehr ans Herz, alles von SEEED. Schließlich arbeite ich mich seit Tagen durch das Werk von Carl Maria von Weber. Freischütz-Ouvertüre, Oberon, Euryanthe, die Ouvertüre zum romantischen Schauspiel Preziosa und vor allem: die Jubel-Ouvertüre.
Nur die »Aufforderung zum Tanz« von der Platte Deiner Eltern war selbst in einem gut sortierten Laden gerade aus. Walzer ist herrlich. Manchmal wiege ich im Auto zu Walzer und ernte von unverständigen Nichttänzern missbilligende Blicke wegen des Schlingerkurses meines Wagens. Im Ernstfall, also auf einer amtlichen Tanzfläche bei einem Ball oder einer klassisch gefeierten Hochzeit, sieht die Sache anders aus. Da verlangt der Walzer nach seiner korrekten Schrittfolge. Eigentlich nicht der Walzer, denn die meisten Walzerkomponisten liegen ruhig und sind bedürfnislos. Eher die Walzerinnen, die ehemaligen Tanzschülerinnen mit den Abzeichen des Tanzschullehrerverbandes. Der erste Tritt auf den sorgsam ausgewählten Schuh der Dame, und schon ist der Zauber des Walzers dahin. Sie wenden den Blick vom immer mehr verkrampfenden Gesicht des Trampels ab und schmachten ein noch sitzendes Würstchen mit einer Fönfrisur an. »Den hätte ich fragen sollen, der kann es bestimmt«, denkt die frustrierte Tänzerin und wünscht

sich aus dem Arm des Mannes, der immer lauter »rück-rück-seit« vor sich hin zählt.
Nein, ich fürchte, ich kann nicht richtig führen. Aber ich würde mit Dir Walzer tanzen. Weil es wunderschön sein kann, wenn die Tanzpartnerin weiß, dass der Genuss eines schönen Moments selbstverständlich nicht in der Tanzschule unterrichtet wird.
Ich habe schon unter dem Stephansdom in Wien Walzer getanzt. Bei Sprühregen und bürgerkriegsartigem Silvestergetümmel, mit ständigen Detonationen von Feuerwerk. »An der schönen blauen Donau« kam aus hinfälligen Lautsprechern, aber es war wunderbar. Kein einziges Mal »rück-rück-seit«, keine Führung, sondern dem Moment ergebene Ziellosigkeit.
Mit dem Begriff »Frauenversteher« habe ich Schwierigkeiten. Klar, der Begriff ist aus dem Weichei geschlüpft. Aber das ist es nicht, was mich stört.
Frauenversteher klingt so, als wäre ein besonderer ethnologischer Eifer nötig, um eine rätselhafte Spezies zu verstehen. Damit fühlen sich dann schnell Männer eingeladen, global gültige Regeln zur Erklärung des Phänomens Frau aufzustellen. »Eine Frau muss man führen wie einen Betrieb«, hat mir ein erfolgreicher Unternehmer anvertraut, als er sich in einer Atmosphäre konspirativer Männerbündelei wähnte. Dieser selbst erklärte Frauenversteher lebt auf einem zugigen süddeutschen Höhenzug und hat dort oben auch verpasst, dass das Krawattenkettchen längst abgeschafft ist.
Dann schon lieber primitive Biologie. Vor mehreren

Nein, ich fürchte, ich kann nicht richtig führen. Aber ...

Jahren saß ich mit einem Kollegen vor dem Fernseher, und wir vertrödelten unsere Arbeitszeit mit Musikvideos. Aufregende Frauen haben aufregend getanzt, wir waren unangemessen erhitzt. Irgendwann machte sich mein Kollege mit dem Stoßseufzer Luft, dass selbst die tollen Tänzerinnen einen kalten Hintern und kalte Füße haben, wenn man neben ihnen liegen darf. Du wirst mir zustimmen: Die verstörende Auskühlung weiblicher Extremitäten konnte die Frauenbewegung bis heute nicht aus der Welt schaffen.

Warum ist also Männern wie mir die Nähe von Frauen so wichtig? Auch dazu die Theorie eines Freundes, geboren auf einer nächtlichen Autobahnfahrt. »Wenn es keine Frauen gäbe«, sagte er, »würden wir noch in Erdlöchern wohnen und uns den ganzen Tag von Früchten ernähren, die schon im Zustand alkoholischer Gärung sind.«

Stimmt, habe ich gedacht. Es beginnt mit Mama, die das schön gemalte Bild des Sohnes lobt. So geht es immer weiter. Eigentlich ist jeder zu faul, um einen Schrank zusammenzubauen, ein Menü zu kochen oder sogar sich ein Gedicht auszudenken. Aber das in Aussicht stehende Frauenlob befeuert die Ambition.

Was hat Carl Maria von Weber erwartet, als er den von Dir heute noch gelobten Walzer seiner Braut Caroline Brandt widmete? Na also.

Wahrscheinlich hat er aber noch mehr gewollt als nur ein Lob oder ein Kompliment. Wer die Grazie von Frauen beschreiben möchte, wird schnell komponieren oder dichten wollen. Kürzlich war eine Gerichtsvollzieherin bei mir, die gut roch, geschmackvoll gekleidet war und die eine so gerade Haltung hatte wie eine Balletttänzerin. Trotz des Kopfsteinpflasters vor meiner Tür, eigentlich der böseste Feind, den ihre hohen Absätze kennen. Auch wenn ihr Anliegen höchst unmusikalisch war, ein geschmeidig-langsamer Satz in einer Weber-Sinfonie, womöglich mit der Überschrift »Amtliche Schöne«, hätte ihren Auftritt besser als vieles andere nachfühlbar gemacht.

Ist es andersrum genauso? Gibt es Männer, die eine sinfonische Idee verdient haben? Auch wenn sie optisch daherkommen wie Richard Stücklen? Vielleicht ein junger Einkäufer in einem Supermarkt, bei dem Dir mindestens nach einem wehmütigen Lied zumute ist?

Ich fische übrigens mindestens in diesem Augenblick nicht nach Komplimenten, schließlich genieße ich schon das Privileg, mit Dir durch einen großen Raum zu walzern.

Und ich habe die Schmeichelei eines betrunkenen Iren in der Hinterhand. Mit dem war ich, auch bei einer Silvesterfeier, in einem kleinen Hotel auf der Tanzfläche unterwegs, und er gestand mir, dass ich die schönste Frau sei, mit der er bisher getanzt habe.

Jörg

Hast Du Dir eigentlich

schon mal vorgestellt,

wie es wäre, eine Frau zu sein?

Nur mal so probehalber.

Einen Tag und eine Nacht?

Lieber Jörg,

hätte Dich zu gerne gesehen, in den Armen Deines guinnessseligen Tanzpartners. Wenn sich jemand warm und weich anfühlt, kann der Ire an sich schon mal den Überblick verlieren. Er ist einfach den Menschen zugetan.

Ich musste einmal in einem kleinen Nest in der Nähe von Limerick an einem Pub halten, weil ich mich verfahren hatte. Vor einem Pub zu halten, ist in Irland kein Kunststück. Es wäre eines, würde man versuchen, nicht

an einem Pub zu halten. Vor der Kneipe stand ein Mann, der bereitwillig näher rollte, als ich ihn nach dem Weg fragte. Der gemeine Ire muss meistens ohne Krankenversicherung und daher auch mit relativ wenigen Zähnen auskommen. Die lückenhaften Zahnreihen oben und unten waren bei dem Mann daher keine Überraschung, die rot geäderten Backen auch nicht.
Als ich bei den Augen ankam, guckte ich hinein und wusste nicht, welches ich nehmen sollte. Die beiden Augäpfel schwammen in ihren Höhlen wie zwei Goldfische im Aquarium auf ihrer letzten Runde. Während ich versuchte, den einen zu fixieren, stellte ich fest, dass der andere gar nicht echt war. Ein Glasauge, das beinahe perfekt die Rollbewegungen des Originals mitmachte. Der freundlich schwankende Mann mit dem Pint in der Hand strahlte mich an und nuschelte fröhlich: »Ich weiß, dass ich nicht gerade vertrauenerweckend aussehe, aber das täuscht. Wenn Sie da vorne bei dem Pub rechts in die Gasse abbiegen, sind Sie bei Ihrem Hotel. Und dann kommen Sie zurück, und wir trinken ein Bier.«
Ich liebe sie, die Iren!
Dein Ire, der was Bewegliches im Arm hatte und deshalb gleich an eine Frau dachte, hat mich noch eine Weile beschäftigt. Hast Du Dir eigentlich schon mal vorgestellt, wie es wäre, eine Frau zu sein? Nur mal so probehalber. Einen Tag und eine Nacht? Wovor würdest Du Dich fürchten? Worauf freuen? Was wäre schlimm, was schön? Stell Dir vor, Du wärst eine Frau mit den Kenntnissen eines Mannes.

Christine an Jörg

42 Als Frau mit einem Schuss Mann könntest Du das Geheimnis der kalten Füße und anderer Körperteile lüften. Nur mal so als Beispiel. Ich versuche mir das gerade umgekehrt vorzustellen: Ich wäre ein Mann mit warmen Füßen und anderen Körperteilen. Fühlt sich so an, als könnte ich dann Angst vor einer Frau haben. Ganz sicher bin ich nicht, möchte lieber noch ein bisschen hin und her denken.

Mir kommt eine Deiner Frauen aus Deinem letzten Brief in den Sinn. Ich bin noch nie einer Gerichtsvollzieherin begegnet. Immer nur männlichen Vollstreckern. Was die sinfonische Dichtung für den Mann vom Amt angeht, empfehle ich unbedingt die Ouvertüre zur »Macht des Schicksals«.

Du hingegen könntest, wenn die Dame mit der Aktentasche im Türrahmen steht, den »Rosenkavalier« geben – ich fürchte nur, dass eine wie sie schwer zu beeindrucken ist. Es könnte ihr bei der Begrüßung allenfalls ein »wie eiskalt ist dies Händchen« rausrutschen.

Habe ich gerade alles im Hausswald'schen Opernführer nachgeschlagen, erschienen im Jahr 1957, daher leicht zerfleddert und ordentlich aus dem Leim gegangen. Hat auch viel mitgemacht. Wo andere Kochbücher hatten, stand bei uns der Hausswald. In den sechziger Jahren haben sich sonntagmorgens in unserer Küche ziemliche Dramen abgespielt. Mord und Totschlag, Verrat und Rache, Lust und Leidenschaft. Meine Mutter liebte es, Rouladen zu wickeln und dabei im Radio das Wunschkonzert mit den Opernarien zu hören.

Ich habe sie gehasst, die Tenöre genauso wie die Tränen meiner Mutter. Ich habe nichts verstanden. Nicht die Rührung und schon gar nicht die Texte. Mittlerweile können kulturell Ungebildete wie ich im Opernhaus aufholen. Was auf der Bühne eigentlich los ist, wird als Untertitel eingeblendet wie bei einem guten Robert de Niro im amerikanischen Original.

Meine Mutter, die Operndiva, und mein Vater, der Weber'sche Walzerkönig. Ihn kennst Du ja schon vom Hörensagen. Nun stell Dir also vor, Du hörst mit diesem musikalisch-biografischen Hintergrund die Jungens mit den drei E. SEEED. Das kann nicht gut gehen.

»Ütze, ütze, ütze« höre ich immer nur, der Kopf geht ruckartig nach vorn, und ich fühle mich, als säße ich in einem tiefer gelegten Rennschnitzel, die Fenster bis zum Anschlag runtergekurbelt. Und die ganze Kiste wackelt. Das ist der erste Eindruck. Und der zweite auch. Vermutlich habe ich es mir jetzt mit Dir verscherzt. Aber »ütze, ütze, ütze« ist etwas, das mich anstrengt beim Zuhören. Danach muss ich einen swingenden Rod Stewart oder einen melancholischen Lucio Dalla auflegen, damit ich wieder im Leben bin.

Ich mag Musik, die man allein lassen kann. Bei der man getrost in die Küche geht, um die Spülmaschine auszuräumen, und wenn man zurück ins Wohnzimmer kommt, hat man nichts verpasst.

SEEED würde ich gerne lesen, während ich die Musik von anderen höre. Die Texte gefallen mir, aber sie gehen im »Ütze« unter:

Christine an Jörg

»Das Leben ist spektakulär, mal hast Du drei Frauen, dann keine mehr.«
Kann man sich zu SEEED bewegen, tanzen?
Vielleicht käme diese Art von Musik meinem Bewegungsschema sogar entgegen. Ein Zuschauer hat mir mal geschrieben: »Sie bewegen sich wie ein Roboter, bei dem man ein paar Gelenke vergessen hat.« Süß findet er das. Ich nicht.
Vielleicht erklärst Du mir, wie man sich zu Ütze-Musik bewegt. Wann Du sie hörst. Und warum. Fehlt mir dazu ein Gen oder ist es mir im Laufe der Zeit nur abhandengekommen? Womit ich in einer eleganten Steilkurve beim Thema Alter angekommen wäre und einer Frage, die mich beschäftigt, seit ich vor Kurzem Post aus Berlin bekommen habe.
Wer bestimmt eigentlich, wann man alt ist? Oder sich so zu fühlen hat? Wenn ich mir zum Beispiel die SPD angucke, gegen die bin ich ja nun wirklich auch bei porennaher Betrachtung ein absolut junger Hüpfer, faltenfrei und unbeschwert. Das sehen die aber bei dieser Partei gänzlich anders. Ich meine, haben die beim Badeurlaub meine Dellen in den Oberschenkeln entdeckt, waren die dabei, als ich »Ten seconds« gekauft habe, jene Creme, die mich in angekündigter Rekordzeit eine Woche jünger aussehen lässt? Oder warum schicken sie mir einen Brief, in dem sie mich dazu beglückwünschen, dass ich zu einer erlesenen Zahl von Prominenten gehöre, die sich ganz hervorragend für ein positiveres und vielfältiges Altersbild einsetzen könnte? Um mich dann auch noch

mit gleicher Post zu einem Empfang für aktive Ältere nach Berlin einzuladen.

Es wäre mir eine große Erleichterung, wenn Du auch so einen Brief bekommen hättest?

Oder soll ich mich nicht so anstellen? »Aktive Ältere« ist schließlich keine Beleidigung. Aber ich bin trotzdem beleidigt, weil ich gerne selbst entscheiden würde, wann ich mich alt fühle.

Manchmal werde ich bei einem Kompliment noch rot wie eine 14-Jährige. Oder drücke heimlich alle Klingelknöpfe an einer fremden Haustür wie mit acht. Oder will ich meinen Willen durchsetzen wie mit vier.

Alt fühle ich mich bloß, wenn ich an die Zukunft denke.

An 2045 zum Beispiel und den Warren-Report. Dieser Warren, dessen Vornamen ich vergessen habe, hatte den Vorsitz bei jener Kommission, die das Attentat auf John F. Kennedy untersuchte. Und offensichtlich ist das, was sie über den Mörder und die politischen Hintergründe herausbekommen haben, so sensationell, dass es erst veröffentlicht werden darf, wenn alle jene, die das Drama von Dallas noch live oder im Fernsehen erlebt haben, tot sind. Für die anderen, die Spätergeborenen, wird das Ereignis dann nicht viel mehr sein als eine historische Fußnote.

Aber damals war es ein Drama, ein Schock, und die ganze Welt wollte wissen: Wer war's?

In einem stattlichen Tresor werweißwo in den USA liegt die Antwort auf diese Frage. Und wenn sie öffentlich ge-

Christine an Jörg

macht wird, bin ich tot. Sehr wahrscheinlich jedenfalls. Das ärgert mich maßlos.
Ich verkneife mir jetzt die Frage, wie alt Du warst. Ob Du überhaupt schon warst, als John F. Kennedy erschossen wurde. Bei Deiner Antwort könnte ich mich vielleicht für kurze Zeit ganz alt fühlen. Und die Einladung zum SPD-Empfang annehmen.

Mit Falten auf der Stirn, weil zurzeit gerunzelt,
grüßt Dich
Christine

PS: Frauenversteher bedeutet so etwas Schönes. Und ist ein Wort, das so schlecht behandelt wird. Wir könnten das ändern. Wenn wir wollten.

»Wir sollten uns einmal im Jahr sehen.«

Liebe Christine,

die Gemeinheit ist, dass alle anderen entscheiden dürfen, wer wie alt ist.

Vor mehreren Jahren, ich war kaum 30, bin ich beim Tanzen gestürzt. Weil die Schuhe mit Gummi besohlt waren, weil die Tanzfläche ein abgetautes und dementsprechend restfeuchtes Eisstadion war. Oder weil ich doch vielleicht zu viel getrunken hatte. Eine bildhübsche Frau erinnerte sich wahrscheinlich an die moralischen Ansprachen ihres Religionslehrers, mit dem sie ihre Vormittage in einem Schulgebäude verbrachte: »Alte Menschen gehören in die Mitte unserer Gesellschaft und brauchen manchmal unsere Hilfe.«

»Kann ich Ihnen helfen?«, fragte sie und griff mir sogleich beherzt unter den Arm.

Selbstverständlich habe ich sie zu nichts eingeladen. Denn das wäre die Demütigung nach der Demütigung gewesen. Sie hätte gefragt, ob ich mit meinen Schülern bei dieser Veranstaltung bin, was denn bitte schön die Gruppe »Kraftwerk« ist und warum ich mir keinen vernünftigen Klingelton auf mein Handy runtergeladen habe.

Da fahre ich viel lieber bei der Metzgerei meines Vertrauens mit dem Fahrrad vor. Denn ich kann mich darauf verlassen, dass die Verkäuferin immer fragt, was denn der »junge Mann« gerne hätte. Dann fühlt sich mein Haar plötzlich voll an, und ich fantasiere darüber, ob es nicht vielleicht doch genau der richtige Moment an einem richtigen Tag ist, um mal einen Alkopop zu kaufen und zu trinken.

Dabei habe ich als 20-Jähriger keinen Tropfen getrunken. Stattdessen habe ich das schneeweiße Hemd bis zum äußersten Knopf verschlossen gehalten und mit einem sexy Cardigan in der Farbe Grau kombiniert. Ich weiß nicht mehr, warum ich damals überzeugt war, dass sich alle Frauen meines Alters nach einem altklugen Milchgesicht verzehren, das über klassische Musik oder Politik spricht und auch bei allen anderen Themen ganz schnell arrogant wird.

Jörg an Christine

Du wirst jetzt einwenden, dass ich mich als Enddreißiger mit dem Alt/Jung-Thema nicht wirklich reif befassen kann. Dann kann ich immerhin eine Prostata-Vorsorgeuntersuchung einbringen, mit dem Hinweis des Urologen: »Wir sollten uns einmal im Jahr sehen.«
Oder dass gleichaltrigen Freundinnen gesagt wird, eine erfolgreiche Befruchtung würde in ihrem Alter in jedem Fall eine Risikoschwangerschaft bedeuten.
Das Lebensalter ist eine interessante mathematische Kategorie. Wie lange braucht der 20-jährige Jan, bis er die fünfzehn Hektoliter Rotwein getrunken hat, die dem fast doppelt so alten Jörg bereits über die Leber gelaufen sind? Wie viele Gehege Hühner mussten bereits entvölkert werden, um den 95 Kilo schweren »Huhn in Wermut«-Freund nicht vom Fleisch fallen zu lassen?
Momentan, wahrscheinlich ist es eine kommende und gehende Einstellung, momentan jedenfalls bin ich nicht jung und nicht alt, sondern vor allem frei.
Wenn mir nach Tanzen zumute ist, dann tanze ich. Komme mir vor wie John Travolta und finde es toll, auch wenn die Mittanzende keine Ahnung hat, wer Travolta ist oder was »Saturday Night Fever« bedeutet.
Modeschnickschnack muss nicht sein, ich bin so frei. Ein Mann über 30, der sich öffentlich irgendwo blicken lässt, sollte einen Anzug tragen, wenn er seine Würde behalten will. Hier in Berlin gibt es Stadtteile, die von Frauenzeitschriften oder Zeitgeistmagazinen zu »Szene-Bezirken« erklärt werden. Dort stehen Männer meines Alters an viel befahrenen Straßen mit Bierflaschen in der

Hand vor schmuddeligen Gaststätten, die von genannten Zeitungen als »Hot Spot« oder »Ein Muss« gepriesen werden. Dabei tragen sie Turnschuhe, teure Markenhosen so tief, wie sie zurzeit gerade zu hängen haben, und vor allem ein ausgelaugtes Gesicht. Die erinnern mich an einen meiner Religionslehrer. Dessen Rebellion gegen das Alter und alles andere manifestierte sich in einem verwaschenen T-Shirt zum Jackett, einem magensauren Gesichtsausdruck und dem »Du«, das er uns mit Erreichen der Oberstufe aufgezwungen hat.

Solltest Du nach dem Brief beschlossen haben, nie wieder SPD zu wählen, bin ich dennoch ganz auf Deiner Seite. Ein Altersbild, das die von der SPD beauftragte Marketing-PR-SuperDuper-Agentur von Dir herstellt, habe ich schmerzhaft nah vor Augen.

Du auf einem Bequem-Fahrrad, aufrecht sitzend, fröhlich lächelnd, im kanariengelben Freizeitanzug inmitten eines kurpfälzischen Idylls, das nur von charmanten Radwegen durchzogen ist. Die Bildunterschriften sind die schmutzigen Bomben der PR-Strategen: »Ganz schön flott: ›Zimmer frei‹-Moderatorin Christine Westermann hält sich fit« oder »Von wegen altes Eisen – ihr Drahtesel hält sie jung: TV-Evergreen Christine Westermann«. Andererseits: Wenn ich unterstelle, dass bei der SPD kein klassischer Einfaltspinsel meiner Generation sitzt, der Dich auf das Fahrrad zwingen möchte, damit sich seine Klischees bestätigen, was könnte der Briefschreiber dann von Dir wollen?

Ich hätte den Brief an Dich etwa so klingen lassen.

Jörg an Christine

»Liebe Frau Westermann,
ich habe Ihren Lebenslauf angesehen und war verwundert und glücklich, dass Sie unverhoffterweise zu meinen Ansprechpartnern gehören. Denn ich wende mich an die Erfinder-Generation. Also an die Leute, die durch den zufälligen Termin ihrer Geburt vieles völlig neu ausdenken mussten. Die nicht einfach machen konnten, was ihre Eltern mit 40 gemacht haben. Vielleicht mussten Sie Ihren Eltern erklären, dass Friedel Hensch und das Duo Cyprys für künstliche Gänseblümchenromantik, die Rolling Stones aber für echtes, ergo wildes Gefühlsremmidemmi stehen. Vielleicht haben Sie zu den Verfechterinnen von ›freier Liebe‹ gehört, weil Ihnen das als attraktiver Ausweg aus den Eheknästen Ihrer unmittelbaren Vorfahren erschien? Schließlich waren Sie 20 in dem Jahr, als den »68ern« ihr bis heute gültiger Generationsstempel aufgedrückt wurde. Konnten Sie mitzählen, wie viele Frauen bequemer Karriere machten, weil Sie die Spur gezogen hatten? Weil Sie gezeigt haben, wo selbstbestimmte, kluge Frauen hingehören, nämlich im Zweifelsfall nach vorne? Sie mussten neu erfinden, wie Partnerschaften funktionieren, die nicht aus wirtschaftlicher Abhängigkeit, sondern mit Gefühlen zusammengehalten werden. Und wie mit deren Scheitern umzugehen ist, weil Liebe flüchtig sein kann? Wir von der SPD möchten gerne wissen, was Frauen machen, die daran gewöhnt sind, ihrem eigenen Urteil zu folgen, die viel von der Welt gesehen haben und dabei einen wenig sehenswerten Teil Männerwelt hinnehmen mussten, ihren

Sex-Appeal bewahrt und ihren 30. Geburtstag gefeiert haben. Was erfinden Sie für den Lebensabschnitt, den Ihre Elterngeneration lediglich mit Rüdesheim-Wärmedecken-Ausflügen, beigefarbenen Jacken und grimmigem Trümmerfrauengesicht verkümmern ließ?
Wir sind gespannt – herzlichst,
Ihre SPD«

Jetzt habe ich mich so intensiv an der Alterssache festgebissen, dass es mir unpassend scheint, Dir zu schreiben, wie stolz ich den ganzen Tag auf meine Brüste wäre, sollte ich für 24 Stunden eine Frau sein dürfen. Außerdem könnte ich günstigstenfalls durch einfaches Frausein lernen, was an Einrichtungshäusern eigentlich das Tolle ist und an Prosecco das Leckere. Und ich dürfte vermutlich einmal die Hoffnung spüren, dass mir durch meinen leichtfertigen Gang nach einem Glas davon endlich einmal hinterhergepfiffen wird. 24 Stunden sind wahrscheinlich zu kurz, um zu lernen, wie man unfassbar böse über andere Frauen spricht, aber gleichzeitig alles weltkriegsschrecklich findet, was den Freundinnen passiert. Und sei es ein abgebrochener Fingernagel.
Zu zwei anderen dicken Dingern aus Deinem Brief:
Erstens: Wie es sein kann, dass mit John F. Kennedy ein Unsterblicher erschossen wurde, bleibt auch 2045 ein Rätsel. Garantiert. Oder hat sich der Mann nur durch seinen frühen Tod über die Sterblichen erhoben?
Zweitens: Wenn Du noch einmal behauptest, bei SEEED würde es irgendein »Ütze, ütze, ütze« geben, verpflichte

Jörg an Christine

54   ich Dich zu einer Radtour durch die Kurpfalz. Du in dem beschriebenen Gelb, ich verfinstere die Gesamtanmutung durch ein schrilles Grün. Also Vorsicht!

Dein Jörg

Augen zu,

die nächste Fahrt geht rückwärts.

Lieber Jörg,

💃 Du kannst es nicht wissen, aber die Kurpfalz ist eigentlich keine Drohung für mich. Alles schön grün da, übersichtlich, sanfte Weinberge, wunderbarer Riesling und eine vage Erinnerung. An eine Radtour.
Ja, es gab schon einen vor Dir, der auf diese Idee gekommen ist.
Lange vor Dir. Vermutlich haben sie Dir gerade die Stützräder von Deinem Dreirad abmontiert, als ich mit frisch gelegter Dauerwelle auf einem geliehenen Damen-

fahrrad in Richtung Pfälzer Weinberge unterwegs war. An meiner Seite ein Herr, ebenfalls mit Fahrrad.
Wir kannten noch nichts voneinander, waren Arbeitskollegen, die über den Schreibtisch hinweg ein bisschen länger hingeguckt hatten. Warum ihm dabei die Idee mit der Radtour kam, habe ich vergessen. »Nichtsvoneinanderkennen« hieß für mich damals, unbedingt Haltung bewahren, bloß keine Anstrengung zeigen, ihn vorradeln lassen, damit ich mir den Schweiß von der Stirn und die Puderquaste über das Gesicht wischen konnte. Und auf die Frage, wie's gefällt, so zu tun, als habe es nie was Schöneres gegeben, als eine 18-prozentige Steigung auf einen ollen Weinberg zu bewältigen.
Das lerne ich erst langsam mit dem Älterwerden: zu sagen, was man wirklich will. Du radelst, ich fahre lieber mit dem Auto den Berg rauf, und wenn ich oben bin, trinke ich schon mal einen Schoppen auf Dein Wohl.
Damals habe ich bis zum Gasthaus auf der Höhe durchgehalten, bin mit Gummibeinen auf die Toilette gewankt und hatte kurzfristig das Gefühl eines Marathonläufers: das ganze Hirn voller Glückshormone ob der Tatsache, dass ich nicht vor seinen Augen vom Fahrrad gefallen war. Das passierte etliche Rieslings und Saumägen später. Meine Beine haben klar signalisiert: Das machen wir nicht mehr mit. Wir wollen eine Bank im Bus. Oder einen Ledersitz im Auto. Meinen Beinen und mir war zu diesem Zeitpunkt relativ gleichgültig, dass wir tief drinnen in der Kurpfalz waren, der nächste Kleintransporter für zwei Fahrräder und zwei willenlose Beine

fünfzig Kilometer entfernt war. Bis weit nach Mitternacht mussten wir auf den Wagen mitsamt seinen Eltern warten. Lange genug, um zu wissen, dass es sich mit dem Länger-Hingucken über den Schreibtisch bereits erledigt hatte.
So weit die Kurpfalz.
Mit Dir würde ich's noch mal machen. Ich würde Dich allerdings um Kopfhörer und Krawatte bitten. Die Kopfhörer sind für Dich. Die Krawatte auch. Von mir aus auch in einem schrillen Grün, das macht gar nichts. Wenn Du die Kopfhörer dann aufhast und Michael Bublé hörst, wird aus dem schrillen Grün ein ganz sanftes, und mein kanariengelbes Outfit wird Dir sonnig erscheinen und Dein Herz erwärmen. Während ich Dir das schreibe, höre ich die CD von diesem Michael Bublé und denke:
Musik macht mutig. Lebensmutig, glücksbesoffen.
Für eine Nanosekunde. Glück ist wie ein Wimpernschlag. Der kurze Augenblick, bevor die Wimpern die Haut berühren, wenn das Lid blitzschnell alles ausblendet und man nur noch fühlt. Glück eben.
Den Glücksbringer Michael Bublé (Bouwbläh sagen meine amerikanischen Freundinnen) habe ich vor ein paar Monaten in irgendeinem T-Shirt-Laden in einem Touristenort an der amerikanischen Ostküste gehört. Auf einmal fand ich mich im Spiegel wunderschön, und das Leben und all die vielen T-Shirts, die ich gekauft hatte, auch.
Glück kann man nicht konservieren, und zu Hause hat-

ten die Hemden aus Edgartown alles von ihrem Michael-Bublé-Zauber eingebüßt.
Der Typ hat übrigens Ähnlichkeit mit Dir. Okay, ein bisschen. Auf jeden Fall eine interessante Mischung zwischen Robin Williams und Jörg Thadeusz. Thadeusz in jünger. Nicht viel. Vielleicht zu Zeiten des grauen Cardigans. Aber diesmal das Hemd nicht zugeknöpft, sondern mit Krawatte.
Wenn ich Einfluss hätte, wärst Du der Krawattenmann des Jahres. Besser noch: auf Lebenszeit. Du hättest auch gut in französischen Filmen aus den Siebzigerjahren mitspielen können. Eine Szene im Restaurant, Du, die Krawatte auf halbmast, immer kurz davor, für immer mit dem Rauchen aufzuhören, leicht rissige Rotweinlippen. Den Coq au vin auf Deinem Teller rührst Du nicht an, weil Du einer wunderschönen Frau gegenübersitzt und Du das, was Du da siehst, nicht einmal gegen ein Huhn in Wermut eintauschen würdest.
Ich kenne Dich nicht gut, aber dass Du stets Anzüge trägst, ist mir schon früh aufgefallen. Ich habe Dich noch nie in einem Sweatshirt gesehen und schon gar nicht in einem dieser neumodischen Aufzüge: in einem langärmeligen Hemd und darüber (!) ein kurzärmeliges. Ich möchte gerne wissen, warum Tausende von Männern es schön finden, so auszusehen, als würde Mutti gleich mit dem Bananengrießbrei um die Ecke biegen. Du dagegen im Anzug, mit Krawatte und einer sanft preußischen Lebenseinstellung, die mir behagt: »Ein Mann, der sich öffentlich irgendwo blicken lässt, sollte einen An-

zug tragen, wenn er seine Würde behalten will.« Das ist nicht altmodisch, das ist grandios und modisch ganz weit vorn.

Feeling good, singt er gerade, *birds in the sky, I'm flying high ...*

Ich möchte gar nicht wissen, was er sich da zusammenreimt, ich höre bei Texten nicht so intensiv hin (Grönemeyer ist eine Ausnahme, oder Radio auf langen Autofahrten, wenn man sich nicht wehren kann). Vielleicht habe ich deshalb auch Schwierigkeiten mit Deinen Freunden von SEEED, ich höre »Ütze« statt Texte.

Neulich habe ich in einer Fernsehsendung einer Sängerin gesagt, wie schön ich ihre neue CD finde, so wunderschön zum Nebenbeihören.

Ich glaube, das ist das Schlimmste, was man einem Musiker sagen kann: Nebenbeihören. So als ob jemand bei meinen Texten anmerkte: Wirklich sehr gut, wie Sie die Buchstaben aneinanderreihen, und die Kommas, wie geschickt Sie die verteilen, einfach wunderbar.

Der Rest der Unterhaltung mit der Sängerin fand im Gefrierfach statt. Vielleicht war das eine jener Begegnungen der merkwürdigen Art, wie sie manchmal zustande kommen, wenn Frau Frau trifft und feststellt, die hat braunere Augen oder längere Beine oder einen größeren (wahlweise auch kleineren) Busen als ich. Wer weiß, was sie gern von mir gehabt hätte, von dem ich doch nicht weiß, ob es für andere Frauen begehrenswert ist. Frauen können gnadenlos sein, wenn sie eine andere nicht mögen.

Manchmal staune ich über Frauen. Oder darüber, was

ich für eine bin. Ich habe höchstens sieben Paar Schuhe im Schrank und davon ziehe ich höchstens drei Paar regelmäßig an. Wenn sie kaputt sind, setze ich alles dran, um genau das gleiche Modell wieder zu bekommen. Ich habe keinen Tick, nicht mit Schuhen, nicht mit Uhren. Höchstens mit Bohnen in Tomatensoße. Davon hätte ich gern ein paar Dosen mehr im Schrank.
Ich gehe auch nicht in Einrichtungshäuser. Es sei denn, ich brauche einen Stuhl. Was so faszinierend daran ist, samstagnachmittags in fremden Betten zu liegen oder auf nagelneuen Sofas rumzuhopsen, erschließt sich mir nicht. Und wenn ich ein Glas Prosecco sehe, denke ich automatisch, dass er lauwarm ist, selbst wenn er in einem Eiskühler daherkommt. Dann gerne ein Pils im Austausch. Obwohl Pils, ganz tief in meinem Inneren, immer Bilder der Sechzigerjahre und den Geruch von Dornkaat in mir heraufbeschwört. Die Erinnerung an den ersten schrecklichen Rausch auf einer Damentoilette in der »Alten Münz« in Mannheim, damals, als die Erfinder-Generation erwachsen wurde.
Schöner Begriff: Erfinder-Generation. Schön und stimmig. Mein Freund und ich haben damals zum Beispiel eine Verlobung erfunden, damit wir die Nächte gemeinsam verbringen durften. Wir haben sie nicht nur erfunden, wir haben sie auch gefeiert, mit Heringssalat und Schaumwein, und wir haben sie nie gelöst. Auch wenn wir heute mit ganz anderen Menschen verheiratet sind. Kranzgeld für alle.
Kann sein, dass das jetzt Steilwandfahren ist, was die

Christine an Jörg

62 Überleitung angeht, aber bei Verlobung fällst Du mir ein. Du bist noch nicht gebunden, also frei, schließe ich aus dem, was Du preisgibst. Frei wovon? Oder bist Du einfach nur so frei?

Meine Verlobung früher, das ist wie ein Abschnitt aus einer anderen Zeit, fühlt sich an wie aus meinem vorvorletzten Leben. Und doch ein Stück von mir. Früher, das ist wie eine Raupenfahrt auf der Kirmes. Augen zu, die nächste Fahrt geht rückwärts.

Bemerkenswert, wie viele Etappen man in seinem Leben zurücklegt, verbunden mit der erstaunlichen Einsicht, dass es mit Falten am Hals und einem Geburtsdatum im Jahr der Währungsreform nicht automatisch Richtung Himmelfahrt geht.

»Früher«, habe ich neulich in einer Kneipe an der Wand gelesen, »waren die Frauen auch anders. Irgendwie nicht so cool. Und die Sommer waren länger.«

Ist das auch Deine Erinnerung? Und ist sie auch ein wenig wehmütig? Und hast Du auch in früheren Sommern schon drüber nachgedacht, ob Du Deiner Liebsten die Strandtasche tragen sollst? Und welche Figur Du dabei machen würdest?

Ich finde, es ist alles eine Frage der Tasche. Blumenmuster schreit nach Brustbehaarung, Nylonunterbuxe und Badelatschen. Kühle blau-weiße Streifen rufen nach breiten Schultern, hellen Leinenhosen und weißem Hemd, untenrum barfuß.

Ein Strandbesuch hat ja was von »sich öffentlich blicken lassen«. Also wirst Du aus gegebenem Anlass einen Strandanzug besitzen. Und wenn ich mir das vorstelle, sehr gerne übrigens, komme ich zu dem Schluss: Damit kannst Du alles tragen, sogar eine Strandtasche. Tasche am Strand geht, aber die Stadtvariante in Leder und Kroko? Da habe ich so meine Vorbehalte. Männer, die Mutti die Handtasche tragen, sind meist auch Männer, die vor der Umkleidekabine im Kaufhaus auf einem samtbezogenen Schemelchen warten, bis sie rauskommt, sich hin und her wiegt, und dann entscheiden, ob sie den blauen Plisseerock nehmen darf oder nicht.

Your grandma had ol' blue eyes.

Your mom had the king,

And you get best of both worlds.

Steht auf dem Cover von Michael Bublés CD.

Meine Großmutter hat nie Sinatra gehört. Ich habe sie zwar nie kennengelernt, aber es kann im Höchstfall der Gefühle Rudi Schuricke gewesen sein. Und meine Mutter und ihre Opern kennst Du ja schon, also tauschen wir den King gegen Fritz Wunderlich. Soeben habe ich aus Versehen eine Generation übersprungen.

Meine.

Wenn man es mal rein mathematisch sieht, könnte ich Deine Mutter sein. Rein musikalisch kommt das auch hin, weil ich mich an Elvis Presley so einigermaßen erinnern kann. Ich kann ebenfalls nicht mit Sicherheit ausschließen, dass meine Mutter im Ostseebad Kühlungsborn heimlich auf einem Westsender auch mal den Sinatra gehört hat. Folgerichtig musst Du zur Generation von Michael Bublé gehören.

Christine an Jörg

64   Wir sollten es ausprobieren. Ich schlage eine Radtour mit Krawatte und Kopfhörern vor. Unser Ziel könnte ein Gasthaus auf einem Weinberg in der Kurpfalz sein.

Voller Vorfreude,
Deine Christine

Denn eigentlich bin ich ein ständiger Segen.

Liebe Christine,

ich bin selbstverständlich begeistert von Deinen Komplimenten. Weil ich mich gerne sehe, wo Du mich hinschmeichelst. In die französischen Filme der Siebzigerjahre. Bei jedem Plopp, mit dem sich der Korken aus der Rotweinflasche verabschiedet, trage ich mich imaginär in die Ahnentafel von Jean Gabin oder Lino Ventura ein. Am nächsten Morgen aber breitet sich im Spiegel einfach nur westfälische Flächigkeit aus. Rot geädert, versteht sich. Dann wünsche ich mir eine

Anzeige in der Zeitung: »Sie trinken gerne viel? Kein Problem. Wir knautschen Ihnen ein Ventura-Gesicht.« Keine Stunde später wäre ich Kunde und würde mir eine sexy Verlebtheit operieren lassen.

Melancholische Riefen sollten danach mein Gesicht durchziehen. Die Fältchen um die Augen kämen wie trockene Flussbetten daher, durch die über die Jahre immer wieder Liebeskummer geflossen ist. Frauen würden sich bei meinem Anblick darauf freuen, morgens neben ihrem liebsten alten Koffer aufzuwachen. Schon kräftig strapaziert und weiteren abenteuerlichen Belastungen immer noch souverän gewachsen. Als alter Koffer wäre aber auch klar, wofür ich gedacht bin. Aufbruch, Ankommen, Abreise, ich wäre was für unterwegs. Ein Begleiter auf Zeit. Für die regelmäßig wiederkehrenden Ausnahmesituationen, nichts für zu Hause.

Im Übrigen – weniger schmeichelhaft – kann ich mir gut vorstellen, dass mich meine Liebste gelegentlich gern für zwei, drei Wochen im Kofferkabuff verschwinden lassen würde.

Natürlich aus reiner Willkür. Denn eigentlich bin ich ein ständiger Segen. Wenn ich sie mit meiner Weltweisheit überschütte, während sie eigentlich bei »Desperate Housewives« von den geschwätzigen Männern ihres Berufsalltags abschalten will. Oder wenn ich um Ruhe bitte, weil die ARD-Bundesligakonferenz im Radio läuft. Nur zu ihrem Besten selbstverständlich, denn Fußballkompetenz gehört in den Kern moderner Allgemeinbildung.

Jörg an Christine

68 Selbst wenn Du keine Einrichtungshäuser magst und auch nicht gerne Schuhe kaufst: Auch Dir ist weibliche Despotie gewiss nicht fremd. Wenn Frauen behaupten, dass der liebe Gott eine Frau ist, dann muss auch gefragt werden dürfen, ob denn Herodes mit Sicherheit ein Mann war.

Nehmen wir den armen Kollegen mit den tiefen Blicken, der Dich als Bergfahrer in der Kurpfalz sportlich gefordert hat.

Du hast Dich überschätzt, Du hast anschließend zu viel getrunken, und er hat Deinen Liegendtransport im Auto seiner Eltern arrangiert.

Trotzdem musste er schneller verfliegen als der Kater, der Dich wahrscheinlich am Tag nach der Radtour plagte.

Für den lebenslangen Heringssalat kam er nicht mehr in Frage. Trägt wahrscheinlich noch heute einen kleinen Westermann-Kummergraben in der Augenpartie mit sich.

Ich bin nicht sicher, ob ich mich als Krawattenradler hinter Dir im kanariengelben Freizeitanzug hundertprozentig wohlfühlen kann. In einem solchen Aufzug müssten wir nicht mehr diskutieren, ob Du auch meine Mutter sein könntest. Das Kostüm würde eine viel entferntere Rolle vorgeben, ich käme daher wie Dein Klavierschüler oder Dein Patient.

Wenn eleganter Ausflug in der Kurpfalz, dann müsste es in einer krawattigen Limousine geschehen. Dir würde auch die Tür aufgehalten, wenn Du aussteigen möchtest, Deine Musik könnte laufen. Nach einem synchronen

Glückswimpernschlag und der korrekt nachgetrunkenen Eskapade mit dem damaligen Kollegen wären wir gemeinsam stark für die Begegnung mit dem Unglück in Gestalt eines Wachtmeisters. Durch Flaschendrehen hätten wir vorher ermittelt, wer fährt, also anschließend längere Zeit nicht mehr ohne größeren Ärger Auto fahren darf.

Ich würde Dich übrigens auch in die Boutique begleiten und auf dem von Dir beschriebenen Schemelchen Platz nehmen. Ungefähr so aufgeladen wie zwischen den Umkleidekabinen in der Damenabteilung stelle ich mir die Stimmung im untersten Deck von Auswandererschiffen Ende des 19. Jahrhunderts vor. Eine Mischung aus tiefster Verzweiflung (»O Gott, vor zwei Wochen habe ich doch noch in die 38 gepasst«) und größtmöglicher Vorfreude (»Wenn ich dieses Teilchen trage, kann er nicht mehr anders!«).

Für den modernen Mann gibt es ohnehin Orte, an die es ihn nicht wirklich zieht. An denen seine Anwesenheit aber selbstverständlich erwartet wird, wie im Kreißsaal, im Wartezimmer einer Kosmetikerin oder in einem Stadion, in dem Frauenfußball gespielt wird.

Das Unbehagen vieler Menschen, Frauen wie Männer, mit der alles egalisierenden, schwachbrüstigen Modernität wird meinem streng neokonservativen Regierungsprogramm Auftrieb geben. Wenn nicht mehr nur einzelne Politiker keine Lust mehr auf Politik haben (Stoiber, Schröder, Müntefering), sondern sich alle wegen extremer Langeweile gemeinschaftlich aus dem Spiel nehmen

Jörg an Christine

und die Zeit für einen echten Seiteneinsteiger als Bundeskanzler gekommen ist. Die Italiener und Spanier werden neidisch sein, wenn ich das Rockgebot für Frauen schon in den ersten hundert Tagen durchsetze. Nur einige versprengte Lobbyisten kritisieren ausdauernd das Abschalten aller Mobilfunknetze, während die große Mehrheit bereits von mehr Entspanntheit und Ruhe profitiert. Handgeschriebene Briefe können kostenfrei versendet werden. Die Bahn wird wieder verstaatlicht, damit ich die Wiedereinführung von teuren Bahnsteigkarten für Nichtreisende verfügen kann. Wer nur Kussmündchen werfen oder sonst wie den Betrieb aufhalten will, soll sich den Luxus leisten können müssen. Piercings und Tätowierungen sind verboten, das Rauchen ist wieder überall erlaubt. Hunde dürfen nur noch zum Verzehr in exotischen Restaurants gehalten werden. Dafür wäre mein Engagement für einen eigenen Hundestaat in einer katzenfernen Weltregion international massiv. Für die Sicherheit dieses Landes werden als Grenzwächter Dieter Bohlen und die Tatbeteiligten der Gruppe »Pur« amtlich bestellt. Die Armee wird abgeschafft, Remoulade auf belegten Brötchen unter Strafe gestellt, Polizisten droht für die Frage »Sie wissen, warum wir sie angehalten haben?« die sofortige Suspendierung vom Dienst. Die Wiedereinführung der Vielehe verschafft Deutschland einen ungeahnten Kindersegen, und wenn Du möchtest, kann ich Kinderkleidung an erwachsenen Männern auch noch per Gesetz untersagen lassen.

Wie sieht es mit Deinem Regierungsprogramm aus?

Siehst Du Gemeinsamkeiten? Können wir vielleicht die
modischste Form der Verbindung zwischen Menschen
eingehen, sollen wir koalieren?
Wir könnten spektakulär feiern, sobald wir einig sind.
Mit Heringssalat auf Rieslingbasis, den ich in einer
Strandtasche herbeitrage.
Ich würde mich freuen.

Jörg

Völker, schaut auf diesen Gang!

Lieber Jörg,

muss ich mir Sorgen machen?
Du als alter Koffer? Ein schuhcremebrauner mit Tapetenmuster und genagelten Holzleisten innendrin? Ein neutraler Schalenkoffer, der sich mit einem anderen Modell auf dem Laufband gemeinmacht und ihm dadurch so ähnlich sieht, dass man den Irrtum nicht sofort bemerkt und den Falschen erwischt? Ist auch die Version kompaktes Kosmetikköfferchen denkbar? Alles drin, was eine Frau kurzfristig (noch) schöner macht? Oder ein

edles Lederteil, bei dem man jemand mit Stil vermuten kann?

Am Äußeren wird man Dich schwer erkennen. Du bist zwar der ideale Koffer für Abenteuerreisen, aber Du würdest nie damit prahlen. Kein Aufkleber mit Sonne und Palme, keiner mit dem Petersdom, und in Paderborn haben sie so was ohnehin nicht. Wer Dich mitnimmt, reist diskret. Auch wenn der Weg zum Ziel mit Dir nie beschwerlich scheint, habe ich das vage Gefühl, es könnte nicht immer ganz leicht sein, Dich zu öffnen. Den Nummerncode am Schloss bestimmst Du selbst. Wenn es die Lage erfordert, kannst Du ihn blitzschnell wechseln und die sofortige Heimreise antreten. Allein zwar, aber ein herrenloser Koffer wärst Du nie.

Ich habe noch etwas Neues über Dich erfahren. Wenn man mit Dir verreist, tut man gut daran, eine Kleinigkeit zum Anziehen einzupacken. Am besten einen Rock, oder? Mindestens einen. Ein Punkt, der zu einem zähen Ringen in unseren Koalitionsverhandlungen führen könnte. Weißt Du eigentlich, was es heißt, einen Rock zu tragen? Wenn es sich nicht gerade um einen Jahrhundertsommer handelt, bedeutet das auch: Strumpfhosen. Ich beantrage daher, der mittelständischen bundesdeutschen Strumpfhosenindustrie so weit auf die Beine zu helfen, dass sie sich in der Lage sieht, zwickellos zu produzieren. Ganz weich müssten sie sein, die neuen Strumpfhosen, kein Kneifen, kein Kratzen und dennoch schön stramm. Ich denke an die Fernsehwerbung mit jenem schwäbischen Textilkaufmann, der sich von einem Affen ansagen

lässt. Er scheint mir idealer Produzent und Werbeträger für das zwickelfreie Teil zu sein.
Wie einer Dokumentation über die Zeit nach der Währungsreform entsprungen kommt er daher, mit seiner tadellosen Haltung und den akkurat gebügelten Hosen. Dabei wiegt er sich herausfordernd im Schritt, als wolle er die Piloten der Rosinenbomber persönlich von den Vorteilen einer zwickelfreien Strumpfhose bei der Landung in Tempelhof überzeugen: das Modell Luftbrücke. Völker, schaut auf diesen Gang.
Könnte man Dich bei Rockzwang für die Damenmannschaft ins Stadion lotsen? Und wie hättest Du es dann gern? Knieumspielend oder Mini mit etwas Blitzsauberem darunter? Kurz oder lang, mit Deiner Abneigung gegen Frauenfußball hast Du mich fest an Deiner Seite. Oft schön anzusehen, aber irgendwie ist wirklicher Fußball anders. Es muss gesenst, gegrätscht und ordentlich umgemäht werden. In Rage bringen mich Frauen, die mit ihrem Nichtwissen kokettieren und über zwei Halbzeiten das niedliche Dummerchen spielen: »Von Fußball verstehe ich nichts.« Wo sie doch sonst so sauer reagieren, wenn ihnen genau mit diesen Worten die Kompetenz abgesprochen wird: »Davon verstehst Du nichts.«
Gut, ich nehme die Hasskappe wieder ab und setze mutig mein Vereinskäppi auf. Mutig, weil es sich um den 1. FC Köln handelt. In Köln habe ich 1963 mein erstes Bundesligaspiel gegen Borussia Neunkirchen gesehen. Das verpflichtet. Ich will allerdings mein Herz nicht nur einem (Verein) schenken. Die Freiburger mag ich und

die Bremer. Hin und wieder auch die Schalker. Ein bisschen Frau bleibe ich beim Gucken immer. Der Ball ist wichtig, aber gleich dahinter kommt der Mann am Ball. Der erste Mann in meinem Fußballleben hieß Wolfgang Fahrian. Er stand im Tor, aber wo das Tor stand, habe ich vergessen.

Wir können unsere Koalitionsverhandlungen übrigens jederzeit für die Bundesligakonferenz unterbrechen. Mein erstes Fußballspiel habe ich schließlich mit geschlossenen Augen vor dem Radioapparat erlebt. Die Mannschaft hatte schwarz-weiße Trikots an, und keiner im Wankdorfstadion hat damals daran geglaubt, dass die Jungens tatsächlich Weltmeister werden.

Wenn Du eine Frau bist, hat kürzlich eine Sportjournalistin in einer Talkshow gesagt, musst Du Fußball einfach nervig finden. Tust Du das nicht, bekommen Männer Angst. Auch wenn sie Dich eine Minute vorher noch heiraten wollten. Stimmt das? Oder ist die Angst vor einem Heiratsantrag noch größer?

Hast Du schon einmal im Geiste vorformuliert? Als Jasager zur Vielehe müsste so ein Antrag in Deinem Fall variantenreich abgefasst sein. Könnte ich notfalls – jetzt mal nur so als Vertreterin der Gegenseite und rein theoretisch – um Deine Hand anhalten, oder betrete ich da unerlaubt männliches Hoheitsgebiet? Soll ich den Ring heimlich in ein Champagnerglas fallen lassen, oder geht es auch ohne? Man hat ja nur einen Ringfinger, anatomisch ist der Mensch – an dieser Stelle jedenfalls – nicht auf Vielehe eingerichtet.

Was mein Regierungsprogramm angeht: Gemeinsamkeiten erzielen wir sofort beim Thema Bahnsteigkarten. Herrliche Kindheitsgeräusche und -gerüche. Bahnsteigkarten kaufen, abknipsen lassen und dann so tun, als würde man ganz weit weg fahren. Mindestens bis Heidelberg, das war von Mannheim aus schon ein ordentliches Stück. An der Bahnsteigkante auf die fettglänzende Dampflok warten, und wenn sie dröhnend vorbeischnaubt, eine Millisekunde daran verschwenden zu überlegen, was wäre, wenn ich jetzt einen Schritt nach vorne machte.

Eintrittskarten für den Bahnsteig finde ich großartig, schließlich darf im Flugzeug auch niemand mit an Bord latschen, Vati noch mal die Krawatte zurechtrücken und dann wieder rausklettern. Ich strebe im Flugverkehr übrigens eine schon lange überfällige Passagierverordnung an. Die Nach-der-Landung-Sofortaufsteher-und-den-Gang-Verstopfer werden mit dem Verzehr von Bordbrötchen nicht unter drei Stück bestraft.

Einig werden wir uns auch schnell bei der Tierhaltung. Deine Hunde sind meine Katzen. Ich schlage die Gründung eines eigenen Katzenstaates vor, gerne hundenah – und weit weg von mir. Vielleicht wäre Ostia in der Nähe von Rom das geeignete Terrain. Dort haben sie in Sachen Katzenversorgung schon einen bescheidenen Anfang gemacht: Ich durfte da unlängst ein chinesisches Restaurant mit dem vielversprechenden Namen »Miao Peng« entdecken.

Volle Zustimmung zum Verzicht auf Handys. Auch ein Podcatcher muss nicht sein. Ich weiß zwar nicht, wer das

Christine an Jörg

ist, macht aber nichts. Alle anderen scheinen ihn zu kennen. Alle anderen, das ist immer die Zielgruppe zwischen dreizehneinhalb und – gehörst Du noch dazu? Neulich musste ich im Radio sagen, dass der Sender jetzt auch Podcatcher zum Herunterladen bereitstellt. Stand so auf dem Beipackzettel zur Sendung, und ich habe mich nicht getraut zu fragen, um welche Form von Tonabfangjäger es sich handeln könnte. Sitzt eine erwachsene Frau und ziemlich ausgewachsene Journalistin vor dem Mikrofon, liest vor, was sie nicht versteht, nur weil sie sich nicht als hoffnungslos technikrückständig outen will. Finde ich, unter uns, ziemlich bedenklich.

Wir sollten bei unserem neokonservativen Regierungsprogramm die Gesundheit unserer Mitbürger respektive unsere eigene in den Vordergrund stellen. Ich plane deshalb, ein milliardenschweres Förderprogramm für Biomediziner wahlweise Stammzellenforscher aufzulegen. Ziel sollte es sein, die Gene beim Menschen, vor allem bei mir, so zu verändern, dass unsereiner bedenkenlos Weißburgunder trinken kann und trotzdem Herr der Sinne bleibt. Die Frage ist doch, ob Alkohol unbedingt immer dusselig machen muss. Könnte man nicht »die Pille dazu« erfinden? Sie sorgt dafür, dass man auch bei einem Hektoliter Weißburgunder nie über 0,8 Promille kommt.

Ich könnte jetzt schön noch ein bisschen weiterträumen in Sachen Zukunft, aber die wirklich kühnen Träume in meinem Leben haben nicht mit Deutschland zu tun, sondern mit Dallas.

Neulich nachts im Traum bin ich zu Besuch in einem Museum. Nichts Spektakuläres, Bilder, Skulpturen – und an dieser Stelle hätte ich auch schon wach werden können. Aber ich strolche weiter, gucke um eine Ecke und entdecke das Kunstwerk: auf einem schwarzen Sockel aus kühlem Marmor aufgebahrt ein weißer Teller. Darauf ein Jägerschnitzel mit Pommes frites. Ein echtes deutsches Jägerschnitzel. Champignonpampe über Paniertem, rote Paprikaschwänzchen an einem verwelkten Salatblatt. Davor ein Schild in fein geschwungener Handschrift:

»Dies ist die letzte Mahlzeit, die John F. Kennedy kurz vor seiner Ermordung am 22.11.1963 in Dallas zu sich nahm.«
Genauso. Mit exakter Datumsangabe.

Als ich das Jägerschnitzel berühre, stelle ich zu meiner Freude fest, dass es noch gut warm ist. Ich esse mit Appetit, mache den Teller leer. Beim letzten Happen und mit Blick auf das Schild wird mir plötzlich schlagartig klar: Das hätte ich nicht tun dürfen, das war wertvolles historisches Material, das gibt Ärger. Ich will mich aus dem Staub machen, komme auf der Flucht an einem großen Kühlschrank vorbei, mache ihn auf, sehe Pyramiden von blutigen Steaks, und genau in diesem Moment biegt meine schon lange verstorbene Mutter um die Ecke.
Und jetzt kommst Du. Halt, erst kommt noch eine Traumdeuterin zu Wort, die messerscharf schlussfolgerte, dass warme Pilze immer Verwandtschaft bedeuten.

Christine an Jörg

80 Da hätte ich natürlich auch drauf kommen können. Ich bin mit John F. Kennedy verwandt.
Wann hast Du das letzte Mal so was Schönes geträumt? Waren es auch warme Pilze? Oder schwere Koffer? Oder Frauen in Fußballschuhen und sonst nichts? Oder hast Du im Traum einen Rock getragen und Dich hemmungslos über ein Remouladenbrötchen hergemacht?

Noch leicht verträumt grüßt
Christine

*Diese Unbeschwertheit untenrum
findet sich in ihrem Lächeln wieder.*

Liebe Christine,

ich beneide Dich um die Fähigkeit, zeitgeschichtlich zu träumen.
Mein bedeutsamster Traum, an den ich mich auch nur bruchstückhaft erinnere, liegt schon ein paar Wochen zurück. War leider quasiberuflich. Ich durfte an der Seite von Marcel Reif die großartige Julia Roberts interviewen. Der polyglotte Reif war ihr natürlich viel lieber.
Kein Wunder, ich bewundere den Mann auch uneingeschränkt. Im Traum gerieten Frau Roberts und ich in

einen kleinlichen Streit. Das Erwachen stellte sich zu einem gnädig frühen Zeitpunkt ein.
Traumdeutung erscheint mir anstrengend, und vom Sinn der Sache bin ich auch nicht wirklich überzeugt. Schließlich billigt der Mensch seinen Worten und Taten im Wachzustand schon eine erhebliche Bedeutung zu. Warum also noch weiter interpretieren, wenn sich beim Menschen nur die pure Natur ereignet? Es ist doch faszinierend genug, dass es kaum ein besseres Wellness-Programm zu geben scheint als ausreichend Schlaf.
Wer nicht genug schläft, wird dick, verblödet und stirbt früher. So ist mir das jedenfalls kürzlich in einem recht plumpen Fernsehbeitrag eines Journalisten erklärt worden.
Nehmen wir aber folgende Situation an: Ich trage einen grauen Strickcardigan, mein Blick flackert, und ich muss deswegen jeden direkten Augenkontakt mit Dir vermeiden, meine nikotingelben Finger nesteln an den Knöpfen meines Oberhemdes. Nehmen wir also an, ich bin Dein psychotherapeutisch ausgebildeter Traumdeuter. Was mache ich dann aus Deinem Traum von der aufgegessenen Museumsmahlzeit? Ich unterstelle Dir ein uneingestandenes Leiden unter den Konventionen. Du möchtest Regeln brechen, provozieren, schockieren, ausbrechen. Du bist eine Art Schläferin, eine erweckbare Säureattentäterin.
Oder John F. Kennedy ist der Traumprinz, der nie geritten kam. Der, der wegen vorzeitigen Ablebens nun wirklich überhaupt nicht zu haben war. Von den zwei Möglich-

keiten, zwischen denen Frauen entscheiden können, um ihre Unausgefülltheit zu überbrücken, wählst Du nicht das Einkaufen, sondern das Essen.

Ich nehme nicht an, dass Du für diese Traumdeutung Deine Krankenkassenkarte bei meiner Sprechstundenhilfe abgeben würdest. Allerdings nehme ich mittlerweile Fachliteratur zur Hand, um mich ausführlicher mit den von Dir geschilderten Phänomenen beschäftigen zu können. Auf diesem Weg ist es mir auch gelungen, das Strumpfhosenproblem aus der Welt zu schaffen. Es ist ganz simpel: Wahre Diven pfeifen auf Strumpfhosen! Lerne ich aus dem Beispiel einer ebenfalls anmutigen Frau, die allerdings viel älter ist als Du. Catherine Deneuve trägt auf dem Titel ihres Buches »In meinem Schatten« zwar Rock, aber weder Strumpfhose noch Schuhe. Diese Unbeschwertheit untenrum findet sich in ihrem Lächeln wieder.

Leider sind ihre zusammengefassten Tagebucheinträge nicht ähnlich leicht. Stattdessen hat sie ständig Halsschmerzen und meckert an Kleinigkeiten ihres Film-Set-Alltages herum. Lediglich die Fotos im Mittelteil entschädigen, denn da macht die Deneuve, was sie am besten kann: mit aufreizender Herablassung schön sein.

Viel bewegender war ein Film gestern Abend. »Der ewige Gärtner«, nach einem Roman von John le Carré. Beschäftigt sich mit dem gewissenlosen Treiben eines Pharmakonzerns in Kenia. Eine Diplomatengattin findet heraus, dass Menschen aus den Slums systematisch zu Versuchskaninchen gemacht werden, und bezahlt dafür

mit ihrem Leben. Ihr Mann, der nach ihrem Tod die Spur aufnimmt, wird auch umgebracht. Kein Happy End. Die »Ist ja nur ein Film«-Beruhigung will sich auch nicht einstellen, denn John le Carré hat für sein wütendes Buch mitten in die Realität gegriffen.
Ich kenne einige der Drehorte. Bin in den gezeigten Slums von Nairobi schon rumgegangen, habe mich dort als Radioreporter tagelang aufgehalten. Passenderweise reicht der »Spiegel« heute die Geschichte nach, dass es in Kenia eine Hungersnot gibt. In einem fruchtbaren, eigentlich reichen Land, das durch Korruption von Oligarchen und hilflose Hilfe am Boden liegt. Das Lebensalter war schon mehrmals Thema zwischen uns.
Ist auch die Reaktion auf Entsetzliches, dessen Geruch ich sogar kenne, letztlich eine Frage des Alters? Der 20-Jährige engagiert sich in einer Drittwelt-Initiative oder in der entsprechenden Arbeitsgruppe einer politischen Partei. Es dauert eine Zeit, bis die Zweifel an Thesenpapieren und Sitzungen zu stark werden. Der 30-Jährige fährt hin, sieht viel, hört viel und kehrt irritierter denn je zurück. Der Enddreißiger weiß um den Unsinn von Thesenpapieren, erinnert sich an das nicht zu ordnende Durcheinander seiner Reiseerfahrungen. Überlegt nur noch, ob eine regelmäßige Spende nicht der gelegentlichen vorzuziehen ist. Veränderungen gibt es nur im Kleinen, im Überschaubaren, denkt der ganz und gar Erwachsene, nicht im großen Ganzen, vor allem nicht weit weg.

Jörg an Christine

Ist das so richtig? Frage ich, wohl wissend, dass die Antworten ähnlich gut schmecken wie eine Albtraum-Mahlzeit.

Viele Grüße,
Jörg

Als habe der liebe Gott

etwas Besonderes mit mir vorgehabt.

Lieber Jörg,

👫 der Versuch einer Bildbeschreibung:
Die Palme hat ordentlich Schlagseite. Und irgendetwas Unvorhergesehenes scheint auch das Häuschen in Schräglage gebracht zu haben. Jedenfalls hängt seine winzige Tür ziemlich wild in den Angeln, was wahrscheinlich auch den Hund in Panik versetzt hat. Sein Schwanz steht kerzengerade in die Höhe, die Beine sind ihm irgendwie abhandengekommen, und stattdessen ist ihm eine Art doppelter Schwimmflügel unter den Bauch gerutscht. Aber perspektivisch zu zeichnen ist schwer, für

einen Siebenjährigen allemal. Dafür hat das Auto aber noch alle vier Reifen, ist direkt neben der Palme geparkt und zehnmal größer als das Häuschen mit der windschiefen Tür.
Warum ist ihm das Auto so überdimensional geraten? Und was macht die Protzkarosse vor der armseligen Hütte?
Wenn ich den Verstand sprechen lasse, dann sagt mir der: Na ja, vielleicht hat der Junge nur das gemalt, was er auch gesehen hat. Wie der Herr von der Spendenorganisation mit dem dicken Auto vorfuhr, ein paar Buntstifte verteilte und sagte: Malt mal was. Wie er dann jedes Kind in diesem Dorf in Bolivien vor eine Schilfhütte stellte und es fotografieren ließ. Auch den kleinen Amancio, der den Hund mit den Schwimmflügeln gemalt hat. Amancio hat auf dem Foto ein blütenweißes Hemd an, das ihm mindestens vier Nummern zu groß ist. Das liegt vermutlich daran, dass der Herr von der Spendenorganisation gar nicht weiß, was für eine Hemdengröße Siebenjährige haben, und sich einfach nur freut, dass er die Hemden so groß gekauft hat. So passen sie auch im nächsten Jahr. Denn auch da wird es wieder so einen Fototermin geben. Die Kinderzeichnungen, Fotos und allerbesten Neujahrswünsche gehen an Spender in Deutschland, denen beim Anblick ihres untergewichtigen Patenkindes, das bis jetzt nur eine anonyme Nummer auf dem Kontoauszug war, mal eben die Gänseleberpastete auf der Gabel stecken bleibt.
So weit der Verstand. Und das Herz?

Christine an Jörg

90   Das entzieht dem Verstand das Wort. Und gibt dem Gefühl Vollgas.

Amancio in Bolivien, noch ein Patenkind in Afrika, eines in Indien und regelmäßige Zuwendungen für kriegsverletzte Kinder, die in Deutschland endlich eine gescheite Prothese oder neue Haut auf das von Brandbomben entstellte Gesicht bekommen.

Nein, ich habe nicht lange über diese Hilfen nachgedacht.

Ich habe auch vorher nicht die Stiftung Warentest angerufen und mich erkundigt, welche Organisation wohl besonders penibel arbeitet. Und ja, ich bin überzeugt, dass regelmäßige Spenden sehr sinnvoll sind – sie gehen von Deinem Konto so zwingend ab wie Deine Monatsmiete. Zugegeben sind Bolivien, Indien, Afrika weit weg, aber gefühlt bin ich nah dran.

Menschen, die mich gut zu kennen glauben, werden jetzt einwenden, dass mich Kindernot immer in die Knie zwingen wird. Kann schon sein, dass ich da besonders empfänglich bin. Vor allem aber bin ich stur.

Ich lasse mich gar nicht erst auf eine Diskussion ein, ob es nicht möglich ist, dass der Herr von der Spendenorganisation von meinem Geld auch die Reifen für das Nobelauto finanziert. Kann schon sein, ist aber ein Einwand, der mich nicht erreicht. Man kann sich nämlich in seinem Leben auch zu Tode zweifeln. Mein Gewissen durch Spenden beruhigen? Kann schon sein, dass ich das tue. Aber ehrlich gesagt, denke ich über das Warum gar nicht angestrengt nach. Ich will es. So einfach ist das.

Vor einiger Zeit habe ich von Kindern gelesen, denen man schon im Babyalter ein Auge zerstört, damit sie beim Betteln einen besseren Schnitt machen. Ich habe so ein Kind im Urlaub in Thailand gesehen. Höchstens fünf Jahre alt, ein kleiner Junge mit großen goldenen Ohrringen, auffällig geschminkt mit Lippenstift und Lidschatten, auch um das milchigweiße, tote Auge herum, im Arm zwei Dutzend Billigstrosen. Die habe ich später am Strand alle ins Meer geworfen.
»Auf so jemanden wie dich haben sie gerade gewartet«, »Du verdirbst die Preise« oder »Damit ist keinem geholfen« war noch das Gnädigste, was ich mir an unserem Tisch von Fremden und Freunden anhören konnte.

Und während ich Dir das schreibe, Jörg, frage ich mich, ob das nicht sehr persönlich ist. Persönlicher als alles, was wir uns bisher geschrieben haben. Privater vielleicht noch als die Frage, ob Du gerne mal eine Frau wärst und ich ein Mann, vertraulicher als die Diskussion über Treue, Affären und die Verfänglichkeiten des Lebens.
Ich bin wohl, ohne es zu merken, ganz mühelos in die schweren Schuhe geschlüpft, die Du nach Deiner letzten Post bei mir abgestellt hast.
Und wie komme ich da jetzt wieder raus?
Und zum Beispiel in … Flip-Flops rein? Was Leichteres einfach. Habe ich Dir eigentlich schon mal gesagt, dass ich schöne Füße habe?
Ich, die Frau ohne Strumpfhosen, könnte wunderbar Werbung für eine Fußfeile, wahlweise auch eine

Christine an Jörg

92 Pedikürenschere machen. Wenn ich mir meine Füße so anschaue, werde ich den Eindruck nicht los, als habe der liebe Gott etwas Besonderes mit mir vorgehabt. Im Großen und Ganzen eigentlich eher ein anderes Modell Frau. Ein bisschen leichter, graziler. Aber dann hat ihn wohl jemand beim Modellieren gestört, und als er wieder zu meinen Füßen zurückkam, war er in Eile. Er hat zwar noch lange Beine an das Gestell gehängt, aber dann wohl in die falsche Ausstattungskiste gegriffen und ein gebärfreudiges Becken sowie Quarterbackschultern draufgesetzt.
Ist für mich im Übrigen ein Wunder der Natur, wie stabil meine Füße ihr Gewicht halten. Ober- und unterhalb der Taille geht es auf der Waage rauf und runter, aber der schlanke Fuß, der bleibt. Wäre mir deshalb echt lieber gewesen, sie hätten neulich im Fußballstadion meine Füße fotografiert. Liegt als Objekt der Begierde an einem solchen Ort ja wohl auch nahe.
Was sehe ich stattdessen von mir in der Zeitung?
Christine Westermann auf der Tribüne beim Absingen der kölschen FC-Hymne, Kopf groß, ausgestattet mit einem Kinn, von dem sich ein Reiner Calmund noch gut die eine oder andere Doppelschicht hätte abschneiden können. Gibt es eigentlich bei Boulevardfotografen so etwas wie ein Gefühl für Ästhetik? Oder Berufsehre? Oder eine Ausbildung, in der man lernt, dass Menschen, die von unten fotografiert werden, einfach nicht vorteilhaft aussehen? In keinem Alter. Bei keiner Gelegenheit. Nie.

Neulich habe ich gelesen, dass Dickerwerden eine Krankheit sein könnte wie Grippe zum Beispiel. Übertragen durch Viren. Fettviren. Genial. In Zukunft Antibiotikum statt Magerquark. Du schreibst, dass Frauen ihre Unausgefülltheit entweder mit Einkaufen, vulgo Schuheinkäufen, oder durch Essen überbrücken. Schöne Idee: es Unausgefülltheit zu nennen, statt Frust zu sagen. Und ein blendender therapeutischer Ansatz. Ich habe nur sieben Paar Schuhe, also muss ich mich für die Füllung auf Schinkenbrötchen und Rouladen mit Wirsing verlegen. Hmm. Ist mir ein bisschen zu dünn, diese Erklärung. Aber vielleicht scheue ich mich auch nur zuzugeben, unausgefüllt zu sein.
Gibt es bei Dir eine Leere zu füllen? Zeigt die Waage bei Dir Frust an? Oder hast Du mehr als sieben Paar Schuhe?
Ist schon interessant, wie ich mühelos von unterernährten Kindern in Bolivien zum eigenen Übergewicht hüpfe.
Brot für die Welt, aber das Fleisch bleibt hier, hieß früher der entsprechende Spontispruch dazu.
Was mache ich, wenn mir der kleine Amancio aus dem Dorf in Bolivien eines Tages schreibt und mich bittet, ihm ein Bild aus meiner Welt zu zeichnen?
Hast Du eine Idee?

Erst mal viele Grüße,
Christine

Ich habe Dir wirklich schwere Schuhe hingestellt.

Liebe Christine,

so, George, bevor wir beginnen zu essen, sprich doch bitte ein Gebet für uns. Hat Prema zu mir gesagt. Eine Frau jenseits aller Ziffern. Kein Alter, das sich hätte schätzen lassen. Ihre männlichen Mitarbeiter kommandiert sie mit einer Strenge, die sich nur durch intensiven Umgang mit Männern entwickeln lässt. Prema hat sich in einer Ehe stählen lassen, die schon länger als 30 Jahre hält. Mit Kilos muss man ihr schon gar nicht kommen, jede Wette, dass sie keine Personenwaage besitzt.

Jörg an Christine

96 Ich hätte mich gern von ihr verneffen lassen. Eine Tante Prema mitten in Indien. So mittendrin, dass ich den Ort schwer auf der Karte zeigen könnte, wo sie ihr Heim für verstoßene und misshandelte Mädchen eingerichtet hat. Ich hätte dann eine Tante, die so glucksend spricht wie die Matriarchinnen in den von mir heiß geliebten Bollywoodfilmen. Eine barmherzige Tante, die mir sofort nachgesehen hat, dass mir beim besten Willen kein Gebet einfiel.
Hoffentlich hält sie mein puterrotes Gesicht für einen Ausdruck von in Deutschland üblicher spiritueller Anstrengung, habe ich mir damals gewünscht.
Ihre Vergebung drückte sie in Essensmengen aus. Das soll Chicken Vindaloo sein, ihr wollt mich wohl vereimern, denke ich seitdem in indischen Restaurants in Deutschland. Meinen Widerstand, als mir Prema die dritte Portion aufschaufelte, brach sie mit dem Hinweis, dass ich anderthalb Mal so groß sei wie alle anderen an dem großen Tisch. Ihre Worte klangen entschlossen, so als wisse nur sie, wie schmerzhaft ich sofort zu schrumpfen beginnen würde, wenn ich nicht genug esse. Das Dessert war Wackelpudding. Den Prema selbstverständlich nicht mag. Aber sie glaubt, dass Wackelpudding in Deutschland ähnlich heilig ist wie in Indien ein selbst gemachtes Chutney. Dreimal hat sie das Wasser abgekocht, damit ihren Gästen kein indischer Teufel in den Bauch fährt. Bedauerlicherweise wünschte sie sich nach dem Nachtisch ein deutsches Lied. Dem äußeren Anschein nach haben die Inder an der Tafel nicht gelitten,

aber ich wäre als Vorsänger von »O Tannenbaum« an einem heißen indischen Oktoberabend gerne anderthalb Mal kleiner geworden.

Keine Ahnung, woher die Befangenheit kommt, aber irgendwas krampft, wenn ich mir überlege, was Du Amancio malen könntest.

Vielleicht Deine schönen Füße. Es könnte aber für ihn von größerem Gewinn sein, wenn Du Dich komplett abbildest. Wenn es sein muss, durchaus mit einem Fuß-Schwerpunkt. Schlimm genug, wenn Du Calmund-Ähnlichkeiten an Dir feststellst. Ist mir bisher noch nicht in den Sinn gekommen, wenn ich Dich gesehen habe. Weder in echt noch im Fernsehen. Sollte Amancio schon halbwüchsig sein, könnte ein Selbstporträt selbstverständlich auch Unrast auslösen. Als ich Dich seinerzeit im ZDF sah, hat es Vorfreude auf die weite Welt ausgelöst. Oha, solche Frauen kann ich da draußen also kennenlernen, wenn der Stubenarrest erst einmal vorbei ist, feine Sache.

Da Amancio auf einem Dorf lebt, könntest Du ihn auch überraschen, indem Du einen Hund in einem Auto malst. Ich erinnere mich an einen Artikel von einem Mosambikaner, der für eine deutsche Zeitung aufschreiben sollte, was ihn an Deutschland am meisten überrascht hat. Er beschrieb, dass er sich selbst Halluzinationen unterstellte, als er auf einer Autobahn fuhr und sah, wie in einem anderen Auto ein Hund auf der Rückbank saß. Höchstwahrscheinlich sind auch in Amancios Heimat Hunde immer nur Fußgänger und 30 Meter lange Regale mit

Jörg an Christine

Tiernahrung in verschiedensten Feinschmeckervarianten unvorstellbar.

Ich habe Dir in meinem letzten Brief wirklich schwere Schuhe hingestellt. Kam mir hinterher wieder gleich vor wie im Konfirmandenunterricht. Als hätte ich wieder mehrere anklagende Schlagzeilen aus Zeitungen ausgeschnitten, auf eine DIN-A3-Pappe geklebt und mit kindlicher Handschrift groß mit »Gerechtigkeit??« übertitelt.

Die Einwände gegen Patenschaften für Kinder in armen Ländern leuchten mir nicht ein. Spenden an eine der vielen guten Organisationen erscheinen mir generell sinnvoll.

Allerdings kann ich mir die Nähe nicht vorstellen, von der Du schreibst.

Es geht stattdessen immer wieder um Ferne, wenn Freunde aus afrikanischen Ländern, aus Indien oder auch aus Brasilien zurückkehren.

Sie erzählen von Beklemmungen gegenüber Hausangestellten und wie peinlich es ihnen war, dass die in devoter Freundlichkeit jede greifbare Socke zusammenklauben, waschen, aufrollen. Alles für so viel Geld, wie die Meeresfrüchte-Spaghetti kosten, die vor uns auf dem Tisch stehen.

Es scheint keine wirkliche Verbindung zu geben. Selbstverständlich sind Anette oder Peter oder Helmut nette Menschen, die, auch ohne die Landessprache zu sprechen, Sympathie ausdrücken können.

Aber ihre schätzenswerten persönlichen Eigenheiten interessieren nicht. Ihren Gegenübern geht es meistens ums Überleben, also um das Geld der Fremden. Aus der Sicht eines Gärtners in Nairobi ist ein Kenia-Tourist mit einem romantischen Kennenlern-Bedürfnis vor allem anstrengend.

Ich bin arm, Du bist reich. Aus dem persönlich erlebten Nord-Süd-Gegensatz wird in der Behaglichkeit unseres Lieblingsitalieners immer eine Geschichte ohne Happy End. Alle am Tisch warten höflich, bis das Thema nicht mehr achselzuckt. Ich bin übrigens auch immer froh, wenn sich einer der Umsitzenden in eine gut riechende Frau verliebt hat und von einem verliebten Wochenende in der Rhön zu erzählen beginnt.

Oder wir behelfen uns mit Benefiz-Bono. Dem irgendwas Eigenartiges aus der Brille zu dampfen scheint, wie könnte er sonst von Angela Merkel uneingeschränkt begeistert sein?

Du hast sehr recht. Es ist sehr persönlich, wenn ich mal eben schnell von Dir wissen möchte, wie man eigentlich die Welt retten kann.

Peinlich auch, denn ich komme mir generell wie ein naives Dummchen vor, wenn ich global werde.

Aber manchen traue ich mindestens Weltveränderung zu. Prema aus Mittendrin-Indien kann es.

Und wenn Du ehrlich bist, versuchst Du es auch.

Oder?

Viele Grüße,
Jörg

Ich habe ihn lange angeguckt

und gebetet,

dass der Funke zwischen uns überspringt.

Lieber Jörg,

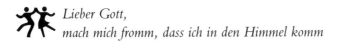
*Lieber Gott,
mach mich fromm, dass ich in den Himmel komm*

hättest Du in der Not mit Tante Prema beten können. Wäre zwar die falsche Uhrzeit gewesen, aber Hauptsache ist doch, es kommt oben an. Die korrekte Form wäre natürlich ein entschlossen vorgetragenes »Wir danken dir für Speis und Trank«, um dann ein mutig gemurmeltes »hoffentlich werden wir von dem Kram nicht krank«

Christine an Jörg

hinterherzuschieben. Haben wir so im Internat gebetet, aber nur wenn der diensthabende Geistliche außer Hörweite war.

Lieber Gott, mach mich fromm, dass ich in den Himmel komm.

Hast Du diesen Vers als Kind beim Zubettgehen gebetet? Und Dich gewundert?

Warum Himmel? Kann ich nicht lieber hierbleiben und erst mal mein Micky-Maus-Heft zu Ende lesen? Und was heißt fromm? Für mich wird dieser Zustand auf ewig verbunden sein mit hochgezogenen Schultern und zusammengepressten Handflächen. Ein Frommer kehrt der Freude den Rücken, obwohl sie direkt vor ihm steht und fröhlich die Hand zur Begrüßung ausstreckt. Er kasteit sich öffentlich und grämt sich heimlich, dass andere es sich gut gehen lassen.

Fromm sein hieß früher, sich etwas zunutze machen. Erst Martin Luther hat dem Wort den religiösen Anstrich gegeben. Seit dieser Zeit muss einer, der fromm ist, sich fügen, artig sein, so werden, wie er glaubt, dass der liebe Gott ihn gerne hätte. Aber wieso folgert der Fromme daraus, dass er am besten bei Ihm ankommt, wenn er möglichst verkniffen und freudlos ist?

Noch vor ein paar Jahren haben sie im südoldenburgischen Münsterland eine Alternativveranstaltung zum Karneval im Rheinland organisiert. Ein 40-stündiges Gebet für die sündigen Narren, um aus der Ferne das Schlimmste zu verhüten. Dabei bin ich mir sicher, dass Gott – so wie ich ihn mir vorstelle – statt in einer Kirche irgendwo im Münsterland zu stehen, lieber eine Pappnase aufsetzt, um im Rosenmontagszug mitzufahren. Wahrscheinlich wird mir wegen dieser sehr persönlichen Predigt ab sofort die Lizenz zum Beten entzogen und der Zutritt zum Gottesdienst verwehrt. Dabei habe ich einen festen Glauben. Ich glaube zum Beispiel fest daran, dass ich ein gutes Verhältnis zum lieben Gott habe.

Ich fühle mich von klein an beschützt und behütet. Das hat sich nicht mit dem frommen Gutenachtgebet eingestellt, das war da, seit ich da bin.

Bist Du in den Kindergottesdienst gegangen? Ich schon, aber das war nicht fromm, das war praktisch. So hatte meine Mutter sonntagmorgens für eine Weile die Opern und die Rouladen für sich. Ich saß unbequem auf den Holzbänken, musste die Beine baumeln lassen, weil ich nicht bis ganz runter kam, und habe versucht, bei Jesus am Kreuz lieb Kind zu sein. Ich habe ihn lange fest angeguckt und gebetet, dass der Funke zwischen uns überspringen möge. Aber nichts ist passiert. Jesus blieb stumm und unnahbar. Irgendwie hat die Chemie zwischen uns nicht gestimmt, ganz anders als bei seinem Vater. Dieser Jesus sah ja auch in jeder Kirche anders aus, nur das Kreuz und die Nägel blieben gleich. Natürlich kann man als Kindergartenkind gar nicht begreifen, wie einer das so lange aushalten kann, ohne Hocker unter den Füßen zu hängen. Und das mit den Nägeln war erst recht unvorstellbar.

Vor einiger Zeit war Charlotte Roche mal zu Gast bei Harald Schmidt. Sie sprachen über Gott und die Welt,

Christine an Jörg

unter anderem auch über Kinder und Kirche. Charlotte erzählte von ihrer kleinen Tochter, die von der Mama wissen wollte, was der Mann da mit seinen Händen am Kreuz macht. Charlotte gab eine wunderbare Antwort: »Der hält sich fest.« Großartig. So eine Antwort hätte mir geholfen im Kindergottesdienst, vielleicht wären Jesus und ich dann doch Freunde geworden.

Jetzt weiß ich immer noch nicht, ob Du früher mal gebetet hast, ob Du es noch tust, ob Du an etwas glaubst. Glaubst Du, dass am Ende Deines Lebens wirklich alles zu Ende ist?

Und wenn ja, macht Dir das Angst? Einfach weg, was man geliebt und gelebt hat?

Der Glaube an eine Fortsetzung ist zumindest hilfreich. Für mich war etwas davor, und es kommt etwas danach. Wenn ich mir wünschen konnte, wie es weitergehen sollte, dann würde ich gerne dieses Leben im nächsten fortsetzen.

Und Du? Ganz anders? In Mittendrin-Indien? Berühmt? Arm? Tier? Mensch? Mann? Frau?

Der Eindruck, dass ich diese Vor-dem-Tod-und-nach-dem-Leben-Offenbarung unter Alkohol geschrieben haben könnte, täuscht. Nicht einmal Messwein.

Würdest Du die Angst vorm Sterben eher mit Rotwein oder Rotbusch eingestehen?

Macht Dich ein Glas Wein eher mutig oder vorsichtig?

Und wo bitte kauft man hier in Deutschland Cannabis-Schokolade? In San Francisco wüsste ich mehrere gute Adressen, eine davon ist der Cannabis-Club. Da geht man ganz offiziell mit einem Rezept vom Arzt hin und kann dann wie in einem guten Restaurant wählen. Die haben den Hanf in alles reingepackt, was irgendwie essbar ist. Auch in den Ketchup zu den *french fries*. Nachdem ich beim ersten Probieren nach wenigen Minuten meine tote Mutter über die Flure huschen sah, esse ich meine Fritten jetzt wieder mit der herkömmlichen Tomatenpampe.

Im Grunde ist es gar nicht wichtig, was und ob Du was trinkst, während Du schreibst. Ich mag Deine Briefe sehr gern, Du hast eine wunderschön üppige Art zu formulieren. Das ist jetzt keine Danksagungsverpackung, weil Du schon mit fünf im Schlafanzug auf dem Sofa saßest, »Drehscheibe« geguckt hast und mich mochtest (wenn Du ehrlich bist, hast Du eigentlich eher für »Dick und Doof« geschwärmt, die beiden kamen nämlich gleich danach). Briefe von Dir zu lesen, ist wie im Kino zu sitzen. Duftkino. Ich rieche Tante Prema und ihr Hühnchen, und wenn ich mich lange genug konzentriere, auch das Parfüm der verliebten Frau, die in die Rhön fährt.

»Bis das Thema nicht mehr achselzuckt«: Kannst Du Dich über solch gelungene Formulierungen eigentlich freuen? Falls nicht, solltest Du dringend damit anfangen.

Als Du von Kenia und den Hausangestellten dort erzählt hast, ist mir Frau Urban eingefallen. Frau Urban ist unsere Putzfrau. Jetzt steht's da. Sagen würde ich es nie. Ich flüchte mich in Formulierungen wie Haushaltshilfe oder unser guter Geist. Zugehfrau, wem ist dieses Unwort eingefallen?

Christine an Jörg

Frau Urban macht bei uns sauber, und sie ist aus unserem Haushalt nicht mehr wegzudenken. Wenn sie kommt, werden die Hemden in Türmchen gestapelt und die Handtücher auf Stoß gelegt: Aber ich kann mir das nicht angucken. Ich kann es nicht ertragen, dass sie arbeitet, weil ich dazu keine Lust habe.

Es hilft auch nicht, dass ich sie dafür bezahle. Ich schäme mich trotzdem, dass sie sich mit sechzig abmüht, hinter den Heizkörpern den Schmutz zu erwischen, während ich im Café nebenan Latte macchiato trinke. Als Frau von Welt mit Haushaltshilfe trinkt man keinen einfachen Bohnenkaffee, es muss was Italienisches sein. Für mich ist es schwierig, Menschen bei der Arbeit zuzugucken, die etwas mit ihren Händen können. Beim Heizungsmonteur stehe ich verlegen daneben, schmiere im besten Fall Mettbrötchen, öffne Bierflaschen und habe das dumpfe Gefühl, ich müsste irgendwie auch so eine dunkelblaue Latzhose anziehen und nach Schweiß riechen, um gleichzuziehen. Wenn Frau Urban und der Monteur jetzt neben mir säßen und Dir auch einen Brief schrieben, hätte ich keine Probleme. Das wäre ein fairer Wettkampf. Womit ich eine rasante Überleitung zum Schluss geschafft hätte:

Jemand hat mir erzählt, dass Du ein guter und regelmäßiger Marathonläufer bist.

Das nötigt mir großen Respekt ab, und ich möchte gerne wissen, was in Deinem Kopf passiert. Dann, wenn bei Kilometer 34 die Wade krampft, die Seite sticht und der Magen nach oben will. Was lässt Dich weiterlaufen?

Stimmt es, dass das Gemeinste, was einem Marathonläufer passieren kann, ein anderer Marathonläufer ist? Einer, der ihn überholt und ein kleines Grinsen rüberschickt, sodass man den Eindruck gewinnen muss, der ist noch fit und schafft die Kilometer bis zum Ziel in Bestzeit? Ein Trick, den mal ein Marathonprofi verraten hat. Damit, behauptete er, mache er jeden Gegner mürbe.

Und jetzt der Schluss: Wenn die Glückshormone im Zieleinlauf über Dich herfallen, wie fühlt sich das an? Was rettest Du davon in Dein Leben?

Fragt sich eine zweimal-wöchentlich-sechs-Kilometer-laufende Christine und schickt, weil von Dir beeindruckt, scheue, aber

viele Grüße.

Die Wiedergeburt ist so sicher wie ein Elfmeterschießen beim DFB-Pokalspiel nach 120 Minuten unentschieden.

Liebe Christine,

Du kannst Dir den Blick gewiss vorstellen: verletzt und vorwurfsvoll. Seine Augen sagten: Weißt Du eigentlich, wie weh es mir tut, dass Du am vergangenen Sonntag schon wieder nicht beim Gottesdienst warst, Jörg?

Ich mochte den Pfarrer, der mich konfirmiert hat. Nur diesen Blick konnte ich nicht leiden. Herr Steyer konnte sehr resolut sein. Hat mehrfach gedroht, mich aus dem Konfirmationsunterricht zu entfernen. Nicht nur wegen

Jörg an Christine

einiger selbstverliebter Flegeleien. Wenn wir zäh den Text von »Christe, Du Lamm Gottes« interpretierten, war ich häufiger nicht bei der Sache, sondern bei den Sinnen. Simone, die dem Herrn, wie ich fand, besonders gut gelungen war, sollte sich mit mir hinter der Bartholomäus-Kirche treffen. Um mal zu reden. Mehr zu versprechen, traute ich mich in den kleinen Briefchen nicht, die ich ihr immer wieder zuwarf. Simone hat dummes Zeug zurückgeschrieben und ist wahrscheinlich nie hinter der Kirche erschienen. Ich auch nicht, weil ich mir sicher war, dass sie nicht kommt.

Wenn sich Hollywood im richtigen Leben ereignen würde, noch dazu in einem Vorort von Dortmund, dann hätte ich Simone auf dem Abiturball wiedergetroffen. Mir wäre der Babyspeck im Gesicht weggewachsen, und Simone wäre zu einer Idealmaß-Schönen aufgeknospt. Mindestens die Schneidezähne hätte sie sich zwischenzeitlich begradigen lassen. Drei Jahre nach dem Abiturball würden wir unsere Kinder in Bartholomäus taufen lassen. Selbstverständlich von Herrn Steyer, der uns damals konfirmierte. Über dem Taufbecken würde er uns unsere Briefchen überreichen, die er so lange liebevoll aufbewahrt hat, wie sein Haar brauchte, um attraktiv zu ergrauen. Wir weinen uns alle satt, dann kommen die Geigen, und mit der restlichen Lebenszeit lässt uns der dunkle Abspann allein.

Tatsächlich saß ich nach Abitur und Zivildienst wieder bei Pfarrer Steyer. Ich wollte seinen Job. Genauer: Ich wollte Pfarrer werden, so wie er. Und wie Robert At-

zorn in der ARD-Serie »Mein Gott, Herr Pfarrer«. Der direkt nach einer Beerdigung mit seiner Filmfrau Maren Kroymann ins Bett ging. Solche Lässigkeiten sollten sich ereignen, vor allem aber wollte ich ein politischer Prediger sein. Es würde sich gewiss eine Bürgerrechtsbewegung finden lassen, die sich um mich und meine Protestkirche versammelt. In meiner Fantasie war ich bereits ein evangelischer Popstar, abgesichert mit dem krisenfesten Gehalt eines kirchlichen Quasi-Beamten. Pfarrer Steyer erklärte mir geduldig, dass die Studienordnung vor meinen Traum das Erlernen von Griechisch, Hebräisch und Latein stellt. Das Latinum hatte ich mir in der Schule erspart und stattdessen in Französisch nur die Waterloo-Erfahrung von Napoleon durchlebt. Inklusive Kapitulation durch Abwahl. Ob ich annehmen würde, dass es Trauernde trösten könnte, wenn ich sie mit meiner marxistischen Auslegung der Bergpredigt konfrontieren würde, hat Pfarrer Steyer auch noch wissen wollen.
Weil ich mich zu sehr auf die Maren-Kroymann-Sache nach dem Begräbnis konzentriert hatte, fiel meine Antwort recht einfältig aus.
Ich bin nicht Pfarrer geworden. Aber ich bleibe mit wackliger Überzeugung in der evangelischen Kirche. Die Kirchentage, die ich besucht habe, sind schöne Erinnerungen. Zum ersten Mal Rotwein direkt aus der Flasche getrunken, so tiefe Schlucke, dass der Mund sich irgendwann mit Weinstein füllte. Mitten auf einer Straße in Berlin, umringt von meinen ebenfalls betrunkenen Kirchentagskollegen. Wir waren tagsüber im Zoo, in

Jörg an Christine

Cafés und am Abend auf merkwürdigen Partys, die Anreise mit S- und U-Bahn war immer gratis, denn wir waren ja Pilger.

In den Bahnen schredderten Kirchentagsmädchen mit Fellbeinen und lila Halstüchern fromme Lieder auf ihrer Gitarre. Das Mitklatschen auf den Großveranstaltungen war von den backenbärtigen Studienratstypen rhythmisch gemeint, von Groove konnte dennoch keine Rede sein. Denn der kommt auch aus dem Unterleib.

Wer an etwas glaubt, ist zu verstandesschwach, um allein auf sich gestellt das Leben auszuhalten. Sagen die Skeptiker und schmeicheln sich damit vor allem selbst. Nirgendwo wird wieder so viel geglaubt wie unter Quantenphysikern. Erzählte mir kürzlich ein Quantenphysiker.

Warum die Wissenschaftler einen Allmächtigen für wahrscheinlich halten und wo sie ihn vermuten, habe ich bedauerlicherweise nicht begriffen.

Diejenigen, die sich – wie von Dir beschrieben – mit hochgezogenen Schultern von der Lebensfreude abwenden, können in Glaubensfragen nicht weiterhelfen, weil sie offenbar zu viel eigene Sorgen haben. Mich überzeugen aber auch diejenigen nicht, die sich dem Buddhismus zuwenden und lapidar erklären, das sei alles viel logischer und menschenfreundlicher als das Christentum.

Von den Esoterikern ganz zu schweigen. Die von sich selbst niemals genug bekommen können und deswegen Steine beschwören oder mit Blödsinnspendeln hantieren, um ihr reiches Ego noch tiefer auszuforschen. Ich finde weniges so überzeugend wie die christliche Idee

von der Nächstenliebe. Ist auch nach wie vor subversiv, denn Hartz-IV-Empfänger hört sich nicht nach einem geliebten Nächsten an.
Die Wiedergeburt ist so sicher wie das Elfmeterschießen beim DFB-Pokalspiel nach 120 Minuten unentschieden. Dass zwar alles vorbei, aber lange noch nicht Schluss ist, gehört zu den wesentlichen Überzeugungen des Christenmenschen. Sage nicht ich, sondern wurde mir von einem Kollegen von Herrn Steyer beigebogen. Er hat die Trauerfeier für meine Oma geleitet und mich nach der Zeremonie mit der Überreichung des Stadionmagazins »Auf Schalke« provoziert. Selbstverständlich ist die Vorstellung tröstlich, nach dem Tod nicht einfach nur vor sich hin zu kompostieren. Aber die Mega-Vorfreude auf das »Reich Gottes« will bei mir nicht aufkommen, dazu finde ich es auf Erden einfach zu schön.
Lieber ist mir Dein Konzept. Nach Westermann braucht es für meine Hinterbliebenen nur einen Klecks Cannabis-Ketchup, und schon »husche ich wieder über den Flur«.
Weil ich, dem Klischee folgend, solche Sachen in San Francisco für möglich halte und weil Du dort länger gelebt hast: Wenn Du eine Religionsgemeinschaft gründen würdest, was wäre Dein Credo? Was müsste ich befolgen, was wäre wichtig? Welche Sorgen könntest Du mir nehmen, wenn ich Dir als Guru vertrauen würde?
Ehe Du solche Ideen als abwegig vom Tisch wischst: Ich habe schon häufiger Menschen getroffen, die Dich regelrecht verehren, obwohl sie Dich nur treffen, wenn sie

ihren Fernseher einschalten. Erst kürzlich bat mich ein wildfremder Mann in Hamburg auf der Straße, Dir viele Grüße und seine Bewunderung zu übermitteln. Obwohl ich rauchend an einer Straßenecke stand und nach einer durchzechten Nacht eine Hütchenspieler-Ausstrahlung verströmte.

Und nein, liebe Christine, keiner der angesprochenen Fans wartet auf »Dick und Doof«. Würde es Dir etwas ausmachen, gemeinsam mit mir auf meine Oma zu warten, wenn ich die Cannabis-Schokolade aus einem Berliner Laden spendiere?

Ganz viele Grüße,
Jörg

»I will always love you« –

so etwas kommt mir nicht

ins Krematorium.

Lieber Jörg,

klar, ich warte gern mit Dir auf Deine Oma. Noch lieber aber wäre mir, sie käme nicht allein, sondern würde meinen Vater mitbringen. Alterstechnisch könnte es passen: Deine Oma und mein Vater. Bevor wir allerdings den Ketchup auf die Schokolade träufeln, müssen wir eines klären: Wollen wir ihnen zuhören oder ihnen etwas sagen? Eine Frage, die mich fasziniert, seitdem ich Max Frisch gelesen habe. In seinen Tagebüchern gibt es eine Liste mit Fragen, und unter

Punkt 19 die folgende: Wenn Sie an Verstorbene denken, wünschten Sie, dass der Verstorbene noch einmal zu Ihnen spricht, oder möchten Sie lieber dem Verstorbenen noch etwas sagen? Was wäre Dir lieber?
Ich bin unentschlossen. Wenn wir mit unserem Glauben richtigliegen, dann kommen beide, Deine Oma und mein Vater, aus dem Reich Gottes. Und wer dort erst mal untergekommen ist, der weiß Bescheid. Über alles, vor allem über das Leben. Vielleicht könnte mir mein Vater erklären, wie das mit dem Leben im Prinzip gedacht ist. Ob man seinen Sinn auf Erden noch begreift. Aber Fragen sind nicht erlaubt, man muss zuhören. Vielleicht erzählt er mir etwas, dessen Botschaft ich nicht begreife, und der Gedanke, dass ich gerne nachhaken würde, das aber ausgeschlossen ist, macht mich unruhig. Wenn ich stattdessen etwas sagen wollte, dann sicherlich, wie sehr ich ihn geliebt habe. Aber das weiß er wohl. Warum er so früh gegangen ist und nicht warten konnte, bis ich erwachsen war, könnte ich fragen. Die Antwort muss er mir schuldig bleiben, wenn er die Spielregeln einhält.
Am Begriff vom Reich Gottes bin ich in Deinem letzten Brief hängen geblieben. Ich nenne es lieber Himmel, denn wenn das Gottesreich so ist, wie sein Name klingt, dann fürchte ich mich wie Du vor dem Umzug. Hört sich nach Wohnen de luxe in einem extrem gut organisierten Seniorenheim mit halligen Gemeinschaftsräumen an, in denen zum letzten Orgelbrausen gegen 22 Uhr die Kerzen erlöschen. Aber vielleicht gehen sie da oben auch mit der Zeit, jeder fährt S-Klasse, bei Konzerten

Christine an Jörg

von Lennon oder Beethoven gibt es Freikarten, und am Flughafen stehen Shuttlemaschinen, die einen first class zu den palmengesäumten Außenstellen des Reiches fliegen. Falls die eigenen Flügel noch nicht so weit sind. Alle schweben auf leisen Sohlen, weil sie ja federleicht geworden sind
Was mich angeht, ich werde nach meinem Tod zum echten Leichtgewicht, denn ich komme dort oben auf jeden Fall ohne Leber an und ohne Niere, Herz und was die Zurückbleibenden sonst noch von mir brauchen können.
Ich besitze einen Organspendeausweis, aber ich habe kein Testament. Hast Du eines? Haben die SEEED-CDs schon heimlich einen neuen Besitzer, wer bekommt die Bücher, wer Deinen Lieblingsanzug? Wer soll bei Deiner Trauerfeier vortreten? Dein bester Freund? In Gottes Namen auch ein Pfarrer? Musik? Und später? Stilles Gedenken, ausgelassenes Feiern?
Ich mag das, was man Leichenschmaus nennt. Wieder rein ins Leben mit Streuselkuchen und Salamischnittchen. Nach der Beerdigung meines Vaters hatten sich alle in der Gaststätte »Zur letzten Ruhe« versammelt. Ich glaube, alle Kneipen im 500-Meter-Radius um einen deutschen Friedhof heißen so. Es ging hoch her, seine Freunde wussten fröhliche Geschichten über ihn zu erzählen. Dass ich von Herzen mitlachen konnte, dafür habe ich mich später noch eine Weile geschämt. Lachen, obwohl man so traurig ist, darf man das? Sollte ich doch noch ein Testament verfassen, würde ich bei

meiner Beerdigung um viele Lacher bitten. Und um die Fledermausouvertüre von Johann Strauß. Die rauscht so rein, dass ich vermutlich noch oben im Himmel eine Gänsehaut bekommen werde.
»That's life« von Sinatra wäre auch nicht schlecht, aber das Wortspiel scheint mir doch ein wenig platt. Vor ein paar Jahren hieß es mal, das meistgespielte Lied auf deutschen Beerdigungen sei Whitney Houstons Rührballade »I will always love you« – so etwas kommt mir nicht ins Krematorium. Lieber deutsches Liedgut, bei dem man mitsummen kann und, wenn es gut läuft, gar nicht mehr merkt, dass man auf einer Beerdigung ist. Wird zum Beispiel in Köln jemand zu Grabe getragen, kommt bei den Hinterbliebenen schon mal der Wunsch nach etwas klassisch Kölschem auf. »Ich möch zo Foß no Kölle jon« oder »Echte Fründe ston zesamme«, Lieder, mit denen es der Verstorbene zu Lebzeiten im Karneval ordentlich hat krachen lassen. Dann, hat mir ein Bestatter anvertraut, kann es passieren, dass einer in der Trauergemeinde die anderen unterhakt und am Ende alle wie am Rosenmontag schunkeln, natürlich ohne es zu merken. Carne Vale, Fleisch lebe wohl. Wenn nicht auf dem Friedhof, wo bitte dann?
Darf ich Dich fragen, warum Du Deine Oma gern huschen sehen möchtest? Warum ist sie wichtig für Dein Leben gewesen? Die Frage kommt von jemandem, der das Omagefühl nicht kennt. Beide Omas waren schon lange tot, als ich auf die Welt kam. Wie ist das mit einer Oma? Wurde heimlich beim Abschiednehmen mit dem

Christine an Jörg

120 Händedruck ein Fünf-Mark-Schein an den Enkel weitergegeben? Gab es Deinen Lieblingskuchen und Aufbleiben bis in die Puppen? Konnte Deine Oma Gott und die Welt erklären? Gut trösten?
Oder habe ich zu viele Filme gesehen, in denen die Großmama mit dem Enkelkind die Welt eroberte? Ich hatte einen Großvater, aber auch nur einen, also keine Vergleichsmöglichkeiten. Diesem Opa hing, solange ich zurückdenken kann, stets ein heruntergerauchter, nasser Zigarrenstummel im Mundwinkel, und im Winter wurden seine Pantoffeln zum Aufwärmen in den Backofen gestellt. Opa Zenner konnte sehr lustig sein, aber er musste nur einmal streng gucken, schon war ich vor dem verabredeten Zeitpunkt und ohne einen Mucks im Bett verschwunden. So hieß das doch, oder? »Und jetzt will ich keinen Mucks mehr hören!« Ein stiller Protest fand allenfalls mit einem trotzig unter der Bettdecke gewisperten »Mucks« statt.
Du hast nach meinem Credo gefragt, wenn ich eine Religionsgemeinschaft gründete. Ich glaube, ich würde jeden nach seiner Fasson selig werden lassen. Für mich gilt als Richtung: Nichts im Leben passiert zufällig, alles ergibt irgendwann einen Sinn. Gewagter Satz, den ich mal leichthin bei einer Lesung in einer Kirche gesagt habe. Ein Mann in meinem Alter meldete sich später zu Wort: Sein Sohn war wenige Monate zuvor von einem Auto überfahren worden, neun Jahre alt. Mein Credo vom Sinn des Zufalls kam mir an diesem Abend unendlich hohl und zurechtgebogen vor.

Ganz vorsichtig, tief drinnen, glaube ich dennoch, dass alles zu seiner Zeit einen Sinn ergibt. Das habe ich mehr als einmal erfahren. Das Problem ist vielleicht, dass man sein Leben in die Zukunft ausrichtet und erst in der Rückschau begreift, welcher Zufall die Weichen in die eine oder andere Richtung gestellt hat. Zufall ist ein in der deutschen Sprache sehr missverständlich gebrauchtes Wort. Zu-fall heißt doch eigentlich: Es fällt mir etwas zu, es ist etwas für mich bestimmt, egal, was ich daraus machen werde.

Der Zufall hat es nicht gewollt, dass wir beide uns bei einer Lateinklausur an einer Universität irgendwo in Deutschland begegnet sind. Du zu dieser Zeit als angehender Pfarrer und ich als hoffnungsvolle Historikerin. Ich hätte sehr gern Neuere Geschichte studiert, alles, was ab der Französischen Revolution in der Welt passiert ist, hat mich interessiert. Mit den Kreuzrittern und den vielen wechselnden Päpsten habe ich mich nie anfreunden können. Die alten Römer wären dann schon wieder eher mein Fall gewesen, aber diese Vorlieben und Abneigungen hatten wohl etwas mit der Qualität meiner jeweiligen Geschichtslehrer auf dem Gymnasium zu tun. Geschichte an der Uni fängt aber nicht mit dem Sturm auf die Bastille, sondern mit einer Lateinklausur an. Unfassbar. Ich hatte mich sieben Jahre mit Cicero und Co abgequält, das große Latinum gerade noch mit einer Vier geschafft. Tschö Latein. Und jetzt das: eine lateinische Übersetzung als Talentprobe fürs Geschichtsstudium. Dann lieber jeden Tag eine Bildunterschrift und

Christine an Jörg

eine Kinokritik für den Mannheimer Morgen verfassen. Mehr als dreißig Jahre später habe ich eine Brieffreundschaft mit einem Mann, der auch keine Lust auf Latein hatte – und auch Journalist geworden ist.

Wie eigentlich? Durch welchen Zufall? In der Rückschau alles richtig gemacht? Kennst Du Zufriedenheit mit Deiner Arbeit? Oder bist Du eher überkritisch mit Dir? Kannst Du Dich gut ertragen, wenn Du Dich im Fernsehen siehst?

Gibt es Interviewgäste, die Du so verehrst, dass Dir im Gespräch die Augenhöhe verloren geht? Falls ja, wie gut kannst Du das tarnen? Wenn Du am nächsten Tag in der Zeitung liest, wie schlecht – oder wie gut – man Dich fand, hinterlässt es Spuren?

Komme ich Dir zu nahe mit solchen Fragen? Ist das etwas, was Du nicht gern preisgibst? Wäre es weniger verfänglich, wenn wir über die Liebe schrieben? Doch wirklich, keine privaten Details, nur die ganz einfache Frage: Was ist Liebe? Max Frisch hat es in seinem Fragebogen genial mit zwei Sätzen auf den Punkt gebracht:

Lieben Sie jemand? Und wenn ja, woraus schließen Sie das?

Versteckt sich nicht eine wunderbare Herausforderung in dieser letzten Frage: Woraus schließen Sie das? Glaubst Du, wir können es schaffen, gemeinsam nach einer Formulierung zu suchen, ohne dabei unser Innerstes preiszugeben? Ich würde den Versuch wagen. Mit Dir.

Meistens schicke ich Dir liebe Grüße.
Das ist mir jetzt zu beliebig. Zu wenig wahrhaftig.
Ich schicke Dir lieber viele.
Christine

*Wenn etwas zwischen zwei Menschen
gründlich schiefläuft,
kann es dann nicht daran liegen,
dass einer von beiden
eine ziemliche Pfeife ist?*

Liebe Christine,

heute ist die Luft so lind, und Berlin plötzlich etwas ganz anderes als eine mit schlechter Laune durchgebratene Frikadelle aus Architektur-Gehacktem.

An solchen Tagen muss einem der Gedanke an die eigene Trauerfeier widerstreben. Oder gerade nicht? Der Tag X, an dem sympathische Menschen Streuselkuchen essen, eben weil ich wegen Todes bis auf Weiteres verhindert bin, kommt gewiss. Also ist jeder Sonnennachmittag

Jörg an Christine

am Tisch eines sich mondän gebenden Straßencafés sehr, sehr richtig verbracht. Gleiches gilt für Badewannenaufenthalte und beinahe alle anderen liegenden Betätigungen.

Ich finde, ihr habt in der Gaststätte »Zur letzten Ruhe« alles richtig gemacht. So, und höchstwahrscheinlich nur so, geht Auferstehung. Über die besten Geschichten des Verstorbenen lachen. Sich erinnern, welche einzigartige Kombination von Charaktereigenschaften ihn unweigerlich in diese oder jene Situation gebracht hat.

Es kommen keine weiteren Geschichten mit ihm dazu. Traurig, schrecklich, schmerzhaft. Aber sollte es eine Kölner Trauergemeinde am Schunkeln hindern? Bitte nicht. Als Radioleute muss es für uns beide Verpflichtung sein, dass es bei unseren Trauerfeiern nicht zu musikalischen Floskeln kommt. Wozu haben wir uns sonst jahrelang darum bemüht, »Money, money, money« als ranzige Musikmatratze eines Verbraucherbeitrages oder einer Casino-Reportage zu verhindern? Selbstverständlich ist »That's life« unmöglich, für »My way« gilt das Gleiche.

»It's not unusual« von Tom Jones hat einen dem Anlass angemessenen Refrain und kommt schön blechbläseroptimistisch daher. »Let the good times roll«, vorgetragen von Tony Bennett zusammen mit B.B. King, ist als Auftrag an die Trauergemeinde gemeint. »Home alone« von R. Kelly würde Eingeweihten klarmachen, dass hier dem Verschiedenen eine Peinlichkeit nachgetragen wird. Denn bei dieser recht stampfigen Hip-Hop-Nummer bin ich damals auf der abgetauten Eisfläche gestürzt. Beim neuerlichen Abhören des Stücks ist mir allerdings die Zeile »Let the motherfucker burn« aufgefallen. Scheint mir doch ein wenig forsch. Zumal ich mich noch nicht gegen eine Erdbestattung entschieden habe.

Von einem Testament habe ich bisher abgesehen. Erschien mir als etwas zu dramatische Pose, wenn ich am Schreibtisch saß, mich in der Wohnung umsah und mir überlegte, wen ich denn mit dem mich umgebenden Lieblingssperrmüll testamentarisch belasten kann. Allerdings habe ich meinem Bruder das Versprechen abgerungen, dass er einen Teil der Lebensversicherungsprämie für eine Büste in einem Berliner Park investiert. Wenn es schon nicht für ein Reiterstandbild reicht.

Für meine Oma habe ich mit den mir zur Verfügung stehenden Mitteln eine Art Denkmal gebaut. In meinem Roman »Rette mich ein bisschen« hat der Held eine Oma, die meiner doch sehr ähnelt. Sie hat als Teilzeitkraft im Paradies gearbeitet. Vor allem am Wochenende hat sie in einer Trinkhalle verkauft. Ich lümmelte mich im Hinterraum zwischen Bergen von Comics und erhob mich nur, wenn ich mir einen neuen Mix aus Süßigkeiten zusammenstellen musste. Das Sortiment war üppig, es fehlte nichts zum Glück.

Geduldig hat sie mit mir die Tage bis zu den Jahreshöhepunkten – Kirmes und Weihnachten – runtergezählt. Ich habe auch ihren Zorn geliebt. Wenn sie meinem Opa beim Kartenspiel in einem unfairen Affekt auf die mutmaßlichen Betrügerhände schlug. Sich dann gleich hinterher auch noch in Rage redete. Wie es nur pas-

Jörg an Christine

sieren konnte, dass sie sich als eins der schönsten Mädchen Senftenbergs an einen solchen Stoffel hergeschenkt hat!? An einen Nichttänzer, der noch nicht mal einen Schieber hinbekommt. Wenn doch nur ihr Paulchen wiedergekommen wäre. »Ihr Paulchen« muss eine Art George Clooney der Niederlausitz gewesen sein. Sein Tanztalent ist jedenfalls mit ihm in Russland geblieben. Mein Opa kam wieder und blieb bis zu seinem Tod 47 Jahre an ihrer Seite. Geduldig, spottlustig, bügelnd und abwaschend. Morgens hat er ihr oft den Kaffee ans Bett gebracht und dazu ihr Lieblingslied »Rosamunde« angemacht, an überschwänglichen Tagen sogar mitgesungen. Aus meiner Sicht waren die beiden zwei bockige Glücksfälle. Ich würde sie gerne sprechen. Um ihnen zu sagen, dass ich jetzt unter Leuten wohne, die auch »nüscht nich'« sagen, wenn sie »nichts« meinen. Oder denen der Unterschied zwischen »mir« und »mich« genauso egal ist, wie er es den beiden zeitlebens war. Für meinen Opa hätte ich noch den Zusatzhinweis, dass ich mittlerweile den Senftenberger See gesehen habe und schön fand. Aber immer noch nicht mit seiner Einschätzung übereinstimme, dass man die Côte d'Azur im Vergleich mit dem ehemaligen Baggerloch echt vergessen kann.
Wenn meine Oma meine Fernsehsendungen sehen könnte, würde sie höchstwahrscheinlich kritisieren, dass ich aussehe wie »ein Iwan«. Womit nach ihren Kriegserfahrungen mit sowjetischen Soldaten beim besten Willen nichts Gutes gemeint wäre. Ich wäre dann immer noch »ihr Junge«, aber ich müsste die Haare wachsen lassen.

Mir selbst fällt bei Kamerafahrten über meinen ausrasierten Nacken immer Franz Josef Strauß ein. Mit dem fühlte ich mich noch nie verbunden. Was würde Deinem Großvater gut gefallen? Ich könnte sagen, wann ich Dich im Fernsehen besonders gut finde. In den Momenten, wenn Du einen Gast mit einer so unerwartet geraden Frage konfrontierst, dass der ungefähr so ungläubig guckt wie ein von Ronaldinho getunnelter Verteidiger. Wenn Dich das Lachen übermannt, oder Dir klar vom Gesicht abzulesen ist, wie wenig Dir eine Antwort behagt. Oder wenn Du mitsingst. So tief, dass der Chor der Don-Kosaken dagegen klingt wie eine Kastratengruppe.

Wenn ich mich im Fernsehen sehe, sehe ich mich nicht wirklich. Wahrscheinlich weil das objektive Kamerabild so stark von der eher fantasiegenährten Selbstwahrnehmung abweicht. Schließlich bin ich manchmal sogar in der Lage, mir beim Laufen einzubilden, ich sei ein ausgezehrter, federleichter Kenianer.

Die Journalisten, die den Fernsehmann beschrieben haben, sind schon häufiger vom puren Bild abgewichen und haben ihre eigene Vorstellung bemüht. »Würde er keinen Anzug tragen, könnte man sich ihn gut in einer norddeutschen Ackerfurche vorstellen«, hat mal eine sehr sympathische Reporterin geschrieben. Ich habe daraus gelesen, dass sie mir den aufrichtigen Beruf des Landmanns zutraut, und fühlte mich geschmeichelt. Ein kluger Zeitungsmann wies mich darauf hin, dass Frechheit mitnichten Intelligenz ersetzt. Habe ich mir zu Herzen genommen und in prekären Situationen immerhin die

Jörg an Christine

Frechheiten zurückgefahren. Andererseits wird man als Geistesgröße ja nun nicht unbedingt TV-Moderator. Mit einer entsprechenden Hochbegabung würde ich heute Genome enträtseln oder brillant in Mandarin über weltwirtschaftliche Zusammenhänge referieren.

Wie bezwingend Geist ist, lerne ich aus dem raffinierten Hinterhalt, in den die von Dir zitierte, nur scheinbar schlichte Max-Frisch-Frage führt.

Woraus schließen Sie, dass Sie jemanden lieben?

Vielleicht weil ihr beherzter Schluck aus einer Kaffeetasse, den das Telefon lediglich akustisch überträgt, ein sachte kitzelndes Glück auslösen kann? Könnte es nicht Liebe sein, wenn die Sehnsucht völlig unpassend in einen ausgewachsenen und gut begründeten Ärger reinhagelt?

Nährt die Liebe das schlechte Gewissen, oder tut das die Moral? Die für sich eigentlich keine Verwandtschaft mit der Liebe in Anspruch nehmen kann, sondern ihr eher im Wege steht. Nicht nur weil wir mit der Trauerfeier begonnen haben: Könnte es nicht sein, dass die Liebe doch unsterblich ist? Dann müsste jedes Gefühl, das irgendwann zu Lebzeiten abgestorben ist, immer weniger gewesen sein als Liebe.

»Das Tolle ist doch: Egal wie wir uns auf die Nerven gehen, wir können uns nicht trennen«, hat mein Bruder in einer heiklen Phase zu mir gesagt. Das Gefühl, das er damit ausgelöst hat, war viel stärker als Dankbarkeit.

Würde ich dem Herrn Frisch sofort als »Liebe« nennen, wenn er es noch hören könnte. Aber ich gebe es viel lieber Dir weiter. Weil ich mich auf Deine Beispiele freue. Was war denn die Heringssalat-Verlobung? Ein überhasteter Sieg der Romantik, also nur eine Liebelei?

Wenn nichts Zufall ist, wie Du sagst, müssen sich dann nicht die Einsamen damit abfinden, dass auch die bedauerte Abwesenheit von Liebe ihren Sinn hat? Woran soll der oder die Betroffene ablesen, dass eine Begegnung ihren Sinn erfüllt hat und ein weiteres Beieinanderbleiben sinnlos ist? Wenn etwas zwischen zwei Menschen gründlich schiefläuft, kann es dann nicht daran liegen, dass einer von beiden zufällig eine ziemliche Pfeife ist?

Ich bin gespannt und würde mir wünschen, dass dieser Brief mit »Not of this earth«, gesungen von Robbie Williams, nachhallt. Weil es nun wirklich nicht sein muss, dass wir uns gute Lieder allzu lange aufbewahren. Und weil es Dich sanft umschmeicheln soll.

Jörg

Die Liebe:

Der Singular hält um die Hand

der Moral an.

Lieber Jörg,

linde Luft auch hier, nur die Zeit ist eine andere. Seit Deiner letzten Post sind reichlich Monate vergangen, und noch immer ist aus dem Pisspott Köln kein Mokkatässchen geworden. Dein Berliner Architektur-Gehacktes ist ein edles Steak Tatar im Vergleich zu dem, was die Kölner Stadtplaner in Jahrzehnten hier angerichtet haben. Als hätten hundert Laster auf der Durchfahrt eine Riesenladung Badezimmerkacheln verloren. Straßenzüge, die aussehen wie eine Bedürfnis-

Christine an Jörg

anstalt von innen. Was für ein Sprachungetüm. Und wie konnte es in meine Wortschatztruhe geraten?

Fast ein Jahr Pause in unserem Briefwechsel, war es ein gutes Jahr für Dich? Eines, das die anderen übertroffen hat? Oder eher unter »ferner liefen« eingeordnet werden kann?

Mein Jahr war nach innen gekehrt, leise nach außen, größeres Getöse tief drinnen. Der Versuch, ausgelatschte Schuhe zu entsorgen, breit getretene Wege zu meiden. Manchmal ist es schön, ein bisschen älter zu werden. Ich bemerke einen Zuwachs an Weisheit. Weise heißt nicht klug. Weisheit bedeutet in manchen Augenblicken einfach nur amüsiertes Resignieren, vergnügliches Kopfschütteln darüber, dass man zwar viel verstanden, aber dennoch nur wenig richtig gemacht hat.

Das Leben, stelle ich mir vor, ist eine Straße mit einem veritablen Schlagloch irgendwo mittendrin. Das Schlagloch steht für Dinge, die stets schieflaufen. Mit anderen und mit einem selbst, im Beruf und in der Liebe. Man geht also die Straße entlang und stolpert immer wieder über dieses Loch. Fällt auf es herein. Mit der Zeit wird man klüger und weiß, dass diese Straße nicht ganz ungefährlich ist. Zügig läuft man (drauf)los, übersieht das Loch, Ausgang bekannt. Dann kommt die Variante: wissen, losgehen, drinliegen – und die beruhigende Erkenntnis, dass man es wenigstens hat kommen sehen. Eines Tages sagt man sich: Ich sehe das vermaledeite Loch, ich werde versuchen, es zu umgehen, könnte aber sein, dass es mir nicht gelingt. Fällt man dann hinein, schmunzelt man.

Die Liebe: Der Singular hält um die Hand der Moral an

Das ist weise. Wenn man allerdings nach vielen vergeblichen Anläufen tatsächlich zu dem Entschluss kommt, das mit dem Loch ist mir zu blöd, ich gehe einfach in eine andere Richtung, hat man es, glaube ich, geschafft. Man kann beruhigt sterben und sich auf die Straßen im nächsten Leben freuen.

Manchmal war es auch nicht so schön, ein bisschen älter zu werden. Da dieses Jahr reichlich rundlief und ich keine Richtung erkennen konnte, habe ich versucht, dem lieben Gott in die Karten zu spinxen. 35 Euro kostet das Horoskop bei einem Mann, der buddhistische und chinesische Planetenkonstellationen durchforstet und obendrein auch noch die ganz normalen Sterne, die unsereiner so kennt, befragt. Was in den nächsten zwölf Monaten mit mir passieren könnte, hat er mir auf eine CD gesprochen. Aus den Boxen kam mir erst ein dunkles, verheißungsvolles »Ooomm« entgegen und ein paar Laute, die dem Namen eines mir bekannten Fernsehmoderators nicht unähnlich waren und wie rangayogeshwar klangen. Nach esoterischem Vorspiel habe ich schließlich erfahren, dass der da oben in den Sternen nicht unbedingt ein Herzblatt für mich bereithält. Wäre auch zu viel des Guten, eines im Leben muss reichen. Viel eher wird erwartet, dass ich was riskiere, also so eine Art göttliche Pokervariante: Wenn ich mir vertraue, alles auf meine Begabungen und meine Fähigkeiten setze, dann erwische ich dieses Jahr womöglich noch einen Royal Flash. Wenn nicht, wird's nicht einmal ein kümmerliches Pärchen.

Christine an Jörg

136   Ich könnte das jetzt ungeschrieben machen, einfach die Löschtaste drücken und Dir nie eingestehen, dass ich von diesem Horoskop fasziniert war. Als habe jemand die Tür zum Universum für den Bruchteil einer Sekunde ein klitzekleines Stück geöffnet. Das flüchtige Gefühl, alles zu wissen und diese Erkenntnis im selben Moment zu verlieren.

Habe ich soeben etwas von dem geheimnisvollen Glanz, mit dem Du mich umspinnst, verloren, weil Horoskop für Dich gleich Hokuspokus ist? Habe ich mich entzaubert? Durchgeknallt, die Frau? Alte würdest Du nicht sagen. Oder ich hätte mich in Dir getäuscht.

Ich kenne Dich nicht gut genug, um Deine Reaktion einzuschätzen. Aber ich kenne Dich besser seit diesem Jahr. Habe mehr von Dir erlebt. Habe verstanden, dass es keinen gibt, den Anzüge so verwandeln wie Dich. In Kapuzenshirt und hängenden Hosen bei den Proben bist Du irgendeiner, Pizzabote oder Techniker, aber auf der Bühne geht (D)ein Stern auf. Wenigen Menschen steht ein brauner Anzug, Du aber kannst ihn tragen. Du trittst auf, als seist Du mit der Mission auf die Welt gekommen, tausend Menschen in einem vollbesetzten Theater mühelos für Dich einzunehmen.

Zu Beginn unserer Briefe, auf den ersten Seiten, habe ich Deine Augen beschrieben. Jetzt könnte ich erzählen, was diese Augen wahrnehmen und wie sie wirken. Da sitzt zum Beispiel in der ersten Theaterreihe eine Dame mit ausgesprochen schönen Beinen. Die hat sie schon eine Weile, Komplimente machen sie nicht schwach, aber wenn Du plötzlich Deine Moderation unterbrichst und das Wort an die wohlgeformten Waden richtest, kommen sie ins Schwanken, die Dame und ihr Untergestell, und ein Piccolo am Ende der Veranstaltung scheint nicht mehr völlig ausgeschlossen. Wenn Du dann noch ein elegantes, nicht mal im Ansatz schwülstiges »gnädige Frau« hinterherschiebst, würde sie mit Dir noch weiter gehen als nur an die Sektbar. Und das Schönste: Sie selbst ist am meisten erstaunt über diese verbale Blitzaffäre. Du nicht. Für Dich ist es routinierte Galanterie.

Ich frage mich allerdings, wie weit auf Deiner ganz privaten Bühne der Weg vom augenblicklichen Interesse bis zur Liebe war? Kurzer Anlauf und dann einen gewaltigen Satz gemacht? (Wenn einer Meister der gewaltigen Sätze ist, dann bist Du es.) Oder war es eher wie ein 400-Meter-Lauf, bei dem man auf der ganzen Strecke alles gibt und dann am Ende außer Atem ins Ziel taumelt?

Mein Spurt in Richtung Heringssalat war, wie von Dir vermutet, ein überhasteter; lange vor dem Ziel ging uns, ihm und mir, die Puste aus. Das Ziel war eine Ehe und drei Kinder, die so entschlossen in die spätere Lebensplanung eingebaut waren, dass wir unseren schrottreifen R4 in Schwiegermutters Garten stellten, damit er dort dem noch ungeborenen Ältesten vielleicht eines Tages als Spielgerät dienen könnte.

Eine Idee, die mir heute nicht einmal rührend naiv, sondern einfach nur unglaublich erscheint. Als würde eine mir Fremde aus ihrem Leben erzählen. Ich muss mich auf Zeitreise begeben, um nachzufühlen, wie das war, im Jahr der weihnachtlichen Verlobung. 1969: Uschi Obermaier war mir nur begrenzt ein Vorbild. So schön wie sie wäre ich natürlich gern gewesen, so frei wie sie war ich schon, nur nicht so offen öffentlich.

Damals – bloß nicht. Wer »damals« schreibt, ist bei den Alten gelandet, unwiderruflich. Zu einem »damals« gehören zwangsläufig der Kampf um Stalingrad und die Kopftücher der Trümmerfrauen.

»Zu meiner Zeit«, das bedeutet erhobenen Zeigefinger, und »in jenen Jahren« ist einfach nur blöde. Und jetzt??? 1969 haben meine Freundinnen und ich die Adressen von Frauenärzten gehandelt, die bereit waren, die Pille zu verschreiben. Das erste Rezept musste der Freund, der später mein Heringssalat-Verlobter werden sollte, persönlich in der Praxis abholen. Der Arzt wollte mit dem jungen Mann ein paar ernste Worte wechseln. In Sachen Moral und so. Die moralische Keule wurde auch von meiner ehemaligen zukünftigen Schwiegermutter geschwungen. Was Moral mit Liebe zu tun hat, habe ich bis heute nicht verstanden, aber sie hat die beiden Begriffe auf für sie sinnige Weise zusammengefügt. »Ihr liebt euch zwar, aber was sollen denn die Nachbarn denken, wenn ihr am Wochenende in meinem Haus übernachtet?« Eigentlich dachte sie weniger an die Nachbarn als an ihren streng katholischen Gott, und was der von Liebe machen ohne die Genehmigung seiner Ersatzleute auf Erden halten würde, schien ohnehin klar. Das Argumentationsmuster war einfach gestrickt: Was sich liebt, das legt sich, und wer einmal zusammen lag, der will das diskussionslos auch die nächsten fünfzig Jahre tun. Deshalb ist ein Eheversprechen in Form einer Verlobung nur die logische Konsequenz.

Klar, ich habe diesen Mann geliebt, aber hatte ich überhaupt eine Ahnung, was Liebe ist? Damit tue ich mich ja noch heute, fast vierzig Jahre später, schwer. Ich habe erfahren, dass Liebe sterblich ist. Im schlimmsten Fall siecht sie dahin, ein mühsamer, würdeloser Prozess. Im besten Fall zieht sie sich zurück, schleicht sich davon. Zu einem anderen, zu einer anderen. Ich weiß nicht, ob die Feierlichkeiten wieder mit Heringssalat verbunden waren, aber der 69er-Freund hat Liebe danach auch bei anderen erfahren. Seine Liebesbilanz weist bis jetzt eine frühe Verlobung, eine Ehe, ein Kind, eine Scheidung, noch eine Ehe und noch ein Kind auf. Und dazu noch die eine oder andere geheim gehaltene Liebelei. Liebelei, ein wunderschönes Wort, Du hast es in Deinem Brief benutzt.

Die Liebe: Der Singular hält um die Hand der Moral an. Man darf sich nur einmal verschenken. Ist es das? Darf es sich nur Liebe nennen, wenn es einmal und nie wieder passiert? Kann ich so nicht gelten lassen. In meinem Leben gab es große und kleine Lieben. Und vor acht Jahren eine, die anders war als die anderen davor, näher, wahrhaftiger, leichter, fröhlicher. Die wollte ich festhalten. Mit Ring, aber lieber ohne Heringssalat.

Darf ich noch mal Max Frisch als Zeugen aufrufen? Ich mag die leicht herablassende Art, mit der er das Bild von

Christine an Jörg

der ewig währenden Liebe beiseiteschiebt: »Sie (Er) hat Dich geliebt! Aber Du bist nicht alles, was in der Liebe möglich ist ... Er nicht! Sie nicht! Niemand! Daran müssen wir uns schon gewöhnen, denke ich, um nicht lächerlich zu werden, nicht verlogen zu werden, um nicht die Liebe schlechthin zu erwürgen.«
Ich würde gerne noch etwas schreiben über meinen Freund, den Zufall, aber das muss ich auf später verschieben. Ich möchte eine heimliche Liebe nämlich nicht warten lassen. Ich werde mir jetzt einen Kaffee kochen, im Radio die Bundesligaschaltkonferenz hören. Und mich mit klopfendem Herzen und großer Leidenschaft Mainz 05 zuwenden – und Kloppo natürlich.
Oder doch eher in umgekehrter Reihenfolge?

Fröhliches Spekulieren und viele Grüße
Christine

Weil es um Deutschland geht, sage ich ...

Liebe Christine,

jetzt möchte ich es am liebsten nicht gewesen sein. Aber wahrscheinlich bin ich schuld und habe Deinen wichtigsten Mann des Jahres 1969 zum »Heringssalat-Verlobten« erklärt. Ganz schrecklich. Denn wie Du gewiss weißt, ist Männern ihr Platz in der Geschichte wichtig. Helmut Kohl und Idi Amin ging es in ihrer Amtszeit um das Geschichtsbuch ihres jeweiligen Landes. Ist beiden mit unterschiedlichem Erfolg geglückt. Wir anderen sind aber nicht weniger eitel. Mit »wir« sind all diejenigen gemeint, die nicht mit dem Hubschrauber zu ihren Terminen geflogen werden. Die die wirklich wichtigen Gespräche ihres Lebens nicht mit »Weil es um Deutschland geht, sage ich …« anfangen, sondern mit: »Du, Schatz, es geht um uns, deswegen muss ich Dir sagen …«

In meiner Vorstellung hat jede Frau ein fantasiertes Zimmer, in dem Bilder ›ihrer‹ Männer hängen. Durch diese Gemäldegalerie führt sie irgendwann unproblematische Verwandte wie Nichten oder Enkelinnen. Wenn ich mir jetzt ausmale, dass eine Frau, mit einer erwachenden Süßen an der Hand, vor einem Bild stehen bleibt und sagt: »Das ist Heringssalat-Jörg«, wird mir unbehaglich zumute. Dein Verlobter hatte bestimmt kräftige lange Haare. Und auch einen schönen Teint, weil Ihr ja in dieser Zeit nur gesonnt, gegessen und geliebt habt.

Du bist aber auch viel zu großzügig mit Komplimenten, als dass Du einen Mann schlecht aussehen lassen würdest. Was durfte ich wieder ausführlich im Schmeichelhaften duschen!

Mein Vater trug einen braunen Anzug, als er meine Mutter kennenlernte. Der habe seinen Ganovencharme unterstrichen, hat sie mir erzählt, als ich wissen wollte, wie die Geschichte zwischen den beiden damals begann. Oder sollte ich auch auf »damals« verzichten?

Warum nicht »damals«? Einige Freunde und Freundinnen, die auch Mitte der achtziger Jahre die Schule verlassen haben, verneinen konsequent, dass sie schon ein gehöriges Stück Schlaglochstrecke gegangen sind. Mit

Jörg an Christine

»früher« haben Oma und Opa zu tun. Weil wir nicht so sein wollen wie unsere Eltern, aber eine Hammer-Rebellion unsererseits auch ausgeblieben ist, müssen die »von gestern« sein. Aber wir sind immer heute, wir starten immer wieder neu. Mittlerweile würde ich gerne diejenigen mit einem spontanen Ausschlag erschrecken, die von den Märchenkassetten erzählen, die sie als Kind gerne hörten, oder über Puffreis ins Schwärmen geraten. Einzelnen von denen, die gern von ihrer soeben endenden Kindheit erzählen, habe ich bei ihrem 30. Geburtstag die Tränen getrocknet. Und zwar vor beinahe einem Jahrzehnt. Deswegen ist »damals« ein wichtiges Wort. Damals sind wir Bonanza-Rad gefahren. Das Buch, das Florian Illies über die Bonanza-Radfahrer geschrieben hat, ist mittlerweile auch schon ein damaliges Werk. Was soll an unserer Jugend so schön gewesen sein, dass wir sie Jahr um Jahr weiterleben wollten?

Wenn mir noch deutlich mehr Haare ausgefallen sind, ich den passenden beigefarbenen Blouson gefunden habe und mir um den Mund genug griesgrämige Magenfalten gewachsen sind, nehme ich die Rolle des deutschen Seniors an. Wenn irgendein Flegel seine Füße in der Straßenbahn auf den Sitzen ablegt, werde ich dann auf »Zu meiner Zeit ...« zurückgreifen. Stimmt zwar nicht ganz, denn in meiner Flegelzeit habe ich mit wasserfesten Stiften, die noch fein nach Lösungsmitteln rochen, auf dem Kunstleder in Dortmunder Linienbussen rumgekritzelt. Aber ich freue mich heute, wenn mir jemand von einer Zeit erzählt, die »seine« war, weil er mit allen Sinnen

Weil es um Deutschland geht, sage ich ...

mitgemacht hat. Ich muss zum Glück nicht warten, bis sich ZDF-Knopp dem Phänomen Punk annimmt und ausgelaugten Herren und Damen vor einem schwarzen Hintergrund 30 Sekunden Zeit zum Erinnern gibt. Denn mein Freund Helmut, 57 Jahre alt, war dabei. Er hat mir so bunt von den damaligen Wüstheiten erzählt, dass ich neidisch geworden bin. Oder Rainer, 55 Jahre alt. Der hat als Grenzschutzbeamter auf den Saum des Eisernen Vorhangs aufgepasst. Es gab tatsächlich einen kleinen Dienstweg über den Todesstreifen, zu den ebenfalls entsetzlich gelangweilten Grenzsoldaten der NVA. Musste ich nicht lesen, sondern es war eine Phase in Rainers Leben, für die wir zum Glück einen Abend lang Zeit hatten. Die beiden erzählen nur auf besonderen Wunsch von früher. Wahrscheinlich, weil sie fürchten, dann zum alten Eisen sortiert zu werden, wie Du es beschreibst. Aber wenn wir in diesem Bild bleiben wollen, dann sind diese beiden Männer über 50 rostfreies Edelmetall und schimmern unverwüstlich. Ich möchte sie nicht unbedingt weise nennen. Denn dann stecke ich sofort wieder in der Comic-Klemme (Hallo, Florian Illies!) und kann mir nur noch den Druiden Miraculix vorstellen. Wahrscheinlich hast Du Dir schon gedacht, dass sich die beiden beschriebenen Herren trauen, ihr Gesicht zu zeigen, und dementsprechend keinen Miraculix-Bart tragen. Aber sie sagen manchmal nichts. Vielleicht nur, weil sie irre überlegen rüberkommen wollen. Könnte aber auch sein, dass sie um ein nahendes Schlagloch wissen und da nicht wieder mit Karacho reinfahren wollen.

Jörg an Christine

Weil Dir offenbar vor nichts bange ist, haben wir jetzt den Heringssalat und verhandeln die Liebe. Könnten wir nicht stattdessen über Paartherapeuten herziehen, die den Ausdruck »Beziehungsarbeit« zu verantworten haben und damit ja mal von Liebe überhaupt keine Ahnung haben? Ich kann es auch nicht als liebevoll verkaufen, wenn ich über die Fesseln einer Frau schwärme, die ich heute Morgen auf dem Amt sehen durfte. Da war es übrigens mit meiner »routinierten Galanterie« nicht weit her. Stattdessen erwog ich abgeschmackte Sätze wie: »Wäre ich Bildhauer, würde ich Ihre Beine knieabwärts meißeln wollen, gnädige Frau.« Ich sagte lieber nichts und machte der Frau schweigend Vorwürfe, dass sie sich auf das Voralpenland ihres linken Knöchels ein chinesisches Schriftzeichen tätowiert hatte.

Immerhin ist mir ein beunruhigendes Interview zum Gefühl der Gefühle untergekommen. Der französische Schriftsteller Alexandre Jardin sagt im Magazin, dass Liebe vor allem Theater ist. Komödie, aber selbstverständlich auch Tragödie. Manchmal beides gleichzeitig. »Die Liebe ist nicht da, um sich auszuruhen«, sagt er im letzten Satz des Gesprächs. Weil mir sofort die Sorge aufstieg, ein Kaputtkuschler zu sein, habe ich seinen Ratschlag befolgt und mir »Gefährliche Liebschaften« gekauft. Da steht drin, sagt jedenfalls Jardin, wie Liebe geht. Mindestens die französische Variante. Glaubst Du auch, dass sich Liebe nationalstaatlich sortieren lässt? Und wenn ja, was machen dann die armen Norweger?

Wenn die Franzosen so gut Bescheid wissen, versuche

ich Dich jetzt mit dem Schluss aus dem 120. Brief des Vicomte von Valmont an die Marquise von Merteuil zu erhitzen:

Adieu, schöne Freundin, ich erwarte voll Eifer Ihre Antwort,

Jörg

»Liebe ist vor allem Theater.«

Endlich, mein Herr

willige ich darein, Ihnen zu schreiben, um Sie meiner Freundschaft zu versichern. Wenn Sie Kummer darüber hatten, dass ich Ihnen nicht schrieb, so glauben Sie mir, dass es auch mir leidtat …
Aber, mein allzu junger Freund (ist diese Anrede nicht wie gemacht für uns, sie leitet den 122. Brief ein), ich

Christine an Jörg

musste mich erst mal in den »Gefährlichen Liebschaften« zurechtfinden und vierhundertfünfundzwanzig Seiten durchforsten, um einen passenden Anfang zu finden.
Dann war ich noch lange im Internet unterwegs, um etwas über Alexandre Jardin herauszufinden. Nein, ich kannte ihn nicht und habe mich kulturell-intellektuell sehr landpomeranzig gefühlt. Das passiert mir immer mal wieder, vor allem, wenn ich mich ins Feuilleton der großen Zeitungen verirre. Die intellektuelle Latte, die dort aufgelegt wird, ist so hoch, dass ich auch im dritten Anlauf nicht drüberkomme. Wenn ich versuche, eine Buchkritik oder eine Premierenbesprechung zu lesen, werde ich den Eindruck nicht los, dass dort ein zäher Zeilenwettkampf ausgetragen wird. Wer es schafft, möglichst viele Relativsätze, Partizipien, Gerundien, unter Umständen auch Gerundive, auf möglichst vielen Zeilen zu verteilen, ohne auch nur einen einzigen Punkt zu machen, wird Hochfeuilletonmeister der Woche. Und wer obendrein noch eine beliebige Anzahl völlig unbekannter Fremdwörter einstreut, bekommt eine lobende Anerkennung des Chefredakteurs. Aber oft stehen diejenigen, die Bücher schreiben, denen, die sie im Feuilleton besprechen, in nichts nach.
»Auf der schwülen Luft um ihn herum lastete ein ermüdender, vom Echo dieser Vorwürfe verdickter Lymphatismus.«
Was für ein Satz! Was die Zeilenzahl angeht, eher schwach, aber in Sachen unbekannter Fremdwörter ziemlich weit vorn: Lymphatismus.

»Liebe ist vor allem Theater.«

Nur: Von jemandem, der sich so schwerfällig arrogant in seiner eigenen Sprache bewegt, möchte ich eher nichts über Liebe wissen.

»Liebe ist vor allem Theater«, dieser Satz stammt auch von dem Lymphatismusmann.

Für einen wie ihn stimmt das vielleicht sogar. Theater ist ein Spiel mit Worten, und wenn eine Frau Alexandre Jardin im Liebesspiel erst mal seine Worte weggenommen hat, dann ist er vielleicht früher nackt, als er geplant hatte und es ihm lieb wäre.

Jetzt komme ich mir gerade streng vor, einem Menschen eines schrägen Satzes und eines sperrigen Fremdwortes wegen die Fähigkeit abzusprechen, etwas Gültiges über die Liebe zu schreiben. Immerhin steht in diversen seiner Biografien, Alexandre Jardin sei »bei der Damenwelt sehr beliebt«. Zudem hat der Mann den Prix Femina bekommen, wobei wir zu seinen Gunsten davon ausgehen sollten, dass diese Auszeichnung auf keinen Fall von einem Hersteller für Damenhygiene verliehen wird. Was die Hygiene bei der Liebe angeht, kennt sich der Mann aus, dank seiner Oma. Sie hat Kondome hausgemacht, aus Schweinsdarm hergestellt und zum Trocknen in der Speisekammer aufgehängt. Jetzt habe ich mir überlegt, ob Jardins Großmutter womöglich meinen Onkel Max gekannt hat.

Der hat die Kondome nach Gebrauch von Tante Emma waschen lassen und dann – mit weißem Puder bestäubt – auf einer Leine über der Badewanne baumeln lassen. Da hingen sie – in Wartestellung. Als Vierjährige hat mich

Christine an Jörg

das Gummiding an sich überhaupt nicht interessiert, ich wollte nur dringend wissen, was es mit der Bestäubung auf sich hatte.

Du fragst, ob sich Liebe nationalstaatlich sortieren lässt? Was ich dazu beitragen kann, ist die Erkenntnis, dass es einem rein bildungstechnisch nicht schadet, wenn man in einer fremden Sprache statt der eigenen etwas Liebes hört. Die Norweger sind, was die sanften Töne angeht, natürlich guttural in dieser Hinsicht etwas benachteiligt. Aber wenn ich mich aus meiner Studentenzeit richtig erinnere, sind die Jungens deshalb keineswegs, wie von Dir befürchtet, arm dran.

Über die Liebe sind wir bei den Büchern gelandet. Widerstrebend erst habe ich mich den »Gefährlichen Liebschaften« gewidmet, ich habe tatsächlich nur nach einer Dir schmeichelnden Anrede gesucht. Und dann bin ich in die Geschichte, die ich schon aus dem Kino kannte, wieder hineingerutscht, habe sie beinahe hektisch gelesen wie einen Krimi.

Beim Lesen ist mir irgendwann eingefallen, dass Du mich schon früher einmal mit einer Literaturvorlage überrascht hast. In einem Deiner Romane – oder war es in einem Interview – hast Du mal gesagt, dass ein Buch von Stefan Zweig zu Deinen Lieblingsbüchern gehört: »Joseph Fouché. Bildnis eines politischen Menschen«. Warum dieses Buch? Dieser Mann? Skrupellos, intrigant, blass, einer, der nicht aussah, als habe er Freude am Leben gehabt. So ganz anders als Du. Oder ist es genau das? Ist das schon Grund genug? Das Buch liegt vor mir,

ich werde es gelesen haben, wenn Deine Antwort eintrifft.
Ich wollte Dich noch etwas fragen: von Frau zu Mann – ist nicht so einfach, denn wenn Du ehrlich antwortest, könnte es sein, dass Du Dich selbst für eine Memme hältst. Deshalb steht es Dir frei, Dich zu verweigern: Aber ich wüsste aus gegebenem Anlass zu gern, ob Du beim Elfmeterschießen in der Champions League hinguckst. Oder versteckst Du, wie ich, Dein Gesicht in den Händen und tauchst erst auf, wenn das Ding beim Gegner im Kasten gelandet ist?
Wenn ich einen Elfmeter schießen müsste, würde ich es genauso machen, Augen zu, anlaufen und dann gucken, wo die Kugel einschlägt.
Und noch was, ganz ehrlich: Würdest Du nach 90 Minuten, Verlängerung und Elfmeterschießen beim Abpfiff das schweißnasse Trikot Deines Gegners überstreifen? Falls ja: Warum?
Auch wenn ich in der Jetztzeit ende, die Recherche bei den »Gefährlichen Liebschaften« war ergiebig, deshalb möchte ich mich standesgemäß mit dem Schluss aus dem 118. Brief von Dir verabschieden:

Adieu, lieber Freund,
ich fing sehr spät an, Ihnen zu schreiben, und habe einen Teil der Nacht damit zugebracht. Ich will zu Bett und die verlorene Zeit wieder einbringen.
Ich küsse Sie …

Christine an Jörg

154 PS: Lymphatismus, *der* (med.):
auf bes. ausgeprägter Reaktionsbereitschaft des lymphatischen Systems beruhender krankhafter Zustand mit blassem Aussehen, träger Atmung, Neigung zu Drüsen- und Schleimhautentzündungen, Milzschwellung u. chronischen Schwellungen der lymphatischen Organe.

Nicht mehr Mediengurke sein,

sondern Lebensretter in stürmischer See.

Liebe Christine,

👫 so was kannst Du Dir nicht vorstellen: Das Meer schwarz, der Himmel schwarz und unser Dampfer mit Rollbewegungen, als wären wir die Murmel des Herrn. Was haben wir auf die Mütze bekommen! »Das war's dann wohl«, habe ich zum Bootsmann gesagt. An 20 Tagen im Jahr ist auf diesem Stück Nordatlantik zwischen Reykjavík und Halifax gutes Wetter. Wir waren leider an einem der anderen 330 Tage unterwegs.
Aber ich bin ja wieder da. Du wirst Augen machen,

wenn Du siehst, wie gut der panamaische Tätowierer
Dein Gesicht auf meinem Unterarm hinbekommen hat.
Freust Du Dich wenigstens ein bisschen, wieder von mir
zu hören?
Wie kann ich romantisch verbrämen, dass ich mich so
lange nicht gemeldet habe? Meine Überlegungen waren
gewissensdunkel und letztlich ergebnislos. Heutzutage
ist es technisch immer möglich, ein Lebenszeichen zu
geben. Solange einen niemand daran hindert.
Deswegen mussten Rolfs Erlebnisse herhalten. Nach
Joseph Fouché, den ich fast zweihundert Jahre nach seinem Tod nicht mehr persönlich treffen konnte, und dem
Franzosen Alexandre Jardin, von dem mich eine unüberwindliche Sprachbarriere trennt, endlich ein Mensch,
den ich in der unübersehbaren Realität seines signalroten
Overalls treffen konnte. Rolf hat auf der Nordroute tatsächlich schon einmal mit seinem Leben abgeschlossen,
und oben ist er beinahe wortwörtlich zitiert. Er fährt
seit seinem 15. Lebensjahr zur See, mittlerweile hat er
30-jähriges Berufsjubiläum gefeiert. Wenn er über die
Seefahrt spricht, ist er immer noch verliebt. Kichert ganz
viel, die Augen lachen mit, und eine Geschichte hastet
der nächsten hinterher.
Acht Monate war Rolf oft auf irgendwelchen Frachtern
unterwegs. Er hätte dann eigentlich zwei Monate an
Land bleiben können. »Aber nach drei Wochen habe ich
immer gedacht: Mensch, ich könnt schon wieder«, hat er
mir erzählt.
Rolf arbeitet heute auf dem Seenotrettungskreuzer »Hans

Jörg an Christine

Hackmack« in Büsum. Ich war mit einem Kamerateam zu Besuch. Eine von vielen Verabredungen während meiner »großen Fahrt« die komplette deutsche Küste entlang. Auf dem Fahrrad, begleitet von einem Kamerateam, damit es im NDR-Abenteuerfernsehen gezeigt werden kann. Meine drei Kollegen und ich wollten sofort mit der Besatzung der »Hans Hackmack« tauschen. Nicht mehr Mediengurke sein, sondern Lebensretter in stürmischer See. Wobei wir uns unter Notfall vor allem vorgestellt haben, wie sich eine Schöne beim Cocktaillimettenschneiden auf einer Yacht in den Finger ritzt. Also eine medizinische Großschadenslage, die es unbedingt nötig macht, mit unserem rot-weißen Brummer vorbeigerast zu kommen.

Ein Kollege von Rolf erzählte dann aber, es würde sich bei ihrem Schiff um einen »Selbstaufrichter« handeln. Es kann also nach dem Kentern wieder alleine aufstehen. Als wir diese Erfahrung gedanklich durchspielten, erschien es uns doch angenehmer, mit der Berühmtheit verheißenden TV-Ausrüstung am Strand zu stehen und Badenymphen mit einem »Wir bringen Dich ganz groß raus«-Blick zu konfrontieren.

Wie Du weißt, lernt man durch das Reisen wahnsinnig viel. Bei mir hat sich immerhin die Hitparade der attraktivsten Berufe für das nächste Leben ins Maritime verändert. Sollte ich also durch gutes Betragen in diesem Dasein eine Wiedergeburt als Stein oder Hamster abwenden können, wähle ich in dieser Reihenfolge:

Nicht mehr Mediengurke sein, sondern Lebensretter in stürmischer See

1. Kapitän zur See **159**
2. Schlüsselspieler beim Rekordmeister Borussia Dortmund (anstehende Erfolge bereits eingerechnet)
3. Präfekt von Korsika
4. Choreograf von Jennifer Lopez (in ihrer wiedergeborenen, also weniger zickigen Variante)
5. Frontmann einer Kapelle, die so erfolgreich musiziert, dass selbst nach Erreichen des 30. Bandjubiläums noch mindestens drei internationale Comeback-Tourneen drin sind

Leider habe ich mir eingebildet, das Tragen von hochwertiger Fahrradkleidung würde schon genügen, um auf dem Sattel einen unwiderstehlich-athletischen Eindruck zu machen. Also wie einer dieser Quasi-Androiden, die mit hydraulischen Oberschenkeln auch bei 19 Prozent Steigung noch Mofageschwindigkeit herbeitreten, ohne aufstehen zu müssen. Ursprünglich wollte ich sogar die Beine enthaaren, um der Kamera das Muskelspiel möglichst unverfusselt anzubieten. Zum Glück habe ich davon abgesehen. Sonst hätte der Off-Kommentar zu den Fahrbildern lauten müssen: »Eigentlich hatte der Arzt dem beinahe 40-jährigen Herrn Gänsebein dringend geraten, es nicht zu übertreiben.«

Nach vier Wochen in Leibchen mit Salzkrusten kann ich aber Deine Frage beantworten: Niemand sollte mit fremden Schwitzern nach dem Sport das Trikot wechseln. Gleichgültig wie freundschaftlich die Begegnung der Sportler vorher war: Geruch trennt!

Den Damen, die bei irgendeiner Profi-Radtour am

Ende dem Sieger ein Küsschen geben müssen, lächeln dabei nur, weil sie vorher schon von der Magnum-Flasche Champagner gekostet haben. Wir sehen also immer nur im Bild, wie sie den kläglichen Rest über den Riechenden versprühen.

Hast Du Dir jemals gewünscht, ein Gratulationsmädchen in irgendeiner Sportart zu sein? Also hinreißend auszusehen und einen Helden anzustrahlen? Oder stellst Du Dir lieber vor, wie Du selbst auf das oberste Treppchen steigst? Nachdem Du im Einer-Kajak der Weltelite enteiltest? Ich lege mich fest: die Hymne zu Deinen Ehren bei einem internationalen Sportfest gespielt, Du würdest weinen und lächeln zugleich.

Weil mir dieser Brief jetzt doch reichlich sportlich geraten ist, soll auch die fußballerische Schicksalsfrage geklärt werden. Beim Elfmeterschießen guckt nur weg, wer auch glaubt, dass Schalke den Titel langsam mal echt verdient hätte. Wenn ich mir allerdings selbst den Ball auf den Punkt legen müsste und es wieder einmal um den bevorstehenden Untergang Deutschlands ginge, könnte ich nicht garantieren, nach dem Schuss als »Selbstaufrichter« zu funktionieren.

Und noch einmal auf die hohe See: Gibt es wohl einen Matrosen, der an der Satellitenschüssel eines Containerfrachters schraubt, damit er auch in der Biskaya die Sendung mit der Frau sehen kann, deretwegen er dieses »C.« auf sein Schulterblatt tätowieren ließ?

Nicht mehr Mediengurke sein, sondern Lebensretter in stürmischer See

Ich schicke Dir eine frische Brise, und nur dieses eine Mal: Ahoi!

Jörg

Die Nullnummern

waren immer ein großes Erlebnis.

Lieber Jörg,

allein unter Männern? Du? Kein Land und keine Frau in Sicht? Einen ganzen Tag? Womöglich sogar zwei? Wie soll das gehen?
Warum habe ich bei dem Gedanken, dass Du auf große Fahrt gehst, ein ganz anderes Bild vor Augen? Blaugebommelte Matrosenmütze, rot-weißes Ringelhemd über feiner Anzughose, schwarze Halbschuhe, in denen Du karnevalsberauscht ins Schwanken kommst bei der Entscheidung, ob Du Dich am Tresen backbord oder

steuerbord orientieren sollst, um bei einer noch unschlüssig herumstehenden Badenymphe anzudocken: »Komm doch, liebe Kleine, sei die meine, sag nicht Nein. Du sollst bis morgen früh um neune meine kleine Liebste sein …«

Lieber Schmeichler, kaum einer kann Komplimente so schön verpacken wie Du. Aber wenn es ihn tatsächlich gäbe, jenen Matrosenmann mit dem kleinen C auf dem Schulterblatt, wir könnten zusammen nicht kommen, das Wasser wär' viel zu tief. Für mich jedenfalls. Ich bin ein furchtbarer Angsthase, sobald ich auch nur einen Fuß in irgendein Meer halten muss. Na ja, Fuß geht gerade noch, sobald mir aber das Wasser bis zum Hals steht, fürchte ich mich. Wenn es dann womöglich noch sanft mein Kinn umspült, steigt eine unerklärliche Panik in mir hoch. Ich kann schwimmen, allerdings nur nach Art eines verzweifelten Frosches auf der überstürzten Flucht vor einem Koch, der ihm an die delikaten Schenkel will. Mein Kopf geht nicht unter Wasser, noch nicht mal mit einer Nasenklammer. Vielleicht saß ich in einem früheren Leben in der Galeere ganz unten und bin in der Schlacht bei Salamis als persischer Nichtschwimmer jämmerlich abgesoffen. Oder war Kapitänleutnant im Buchheim'schen Boot und meine Seele hat beim Anblasen 500 Meter unter dem Meeresspiegel Schaden genommen. Jedenfalls versucht sie mir in diesem Leben etwas heimzuzahlen.
Ich hatte mal auf dem Gymnasium in Turnen eine Sechs. Das war das Jahr, in dem alle ihren Freischwimmer mach-

ten. Nur ich nicht. Ich habe den Absprung vom Einer nicht geschafft, ich habe es nicht mal versucht.
Du verstehst jetzt sicher, warum ein Platz auf dem Siegerpodest beim Einer-Kajak mein Vorstellungsvermögen übersteigt. Obwohl ich mir alle Mühe gebe, möglichst nassforsch zu erscheinen. Ich war sogar schon auf Segeltörn, allerdings in Schönwetter-Gewässern. Wenn alle fröhlich über Bord ins warme Wasser hüpften, stieg ich möglichst lässig das Treppchen backbord hinab, das ich fortan nicht mehr aus den Augen ließ. Aus gutem Grund. Schließlich wollte ich nicht wie Natalie Wood enden (Du hättest sicher für sie geschwärmt, sie war mindestens so schön wie Jennifer Lopez). Sie ankerte irgendwo mit ihrer Jacht, als sie von zahlreichen trockenen Martinis beseelt spät in der Nacht noch ein Bad im Meer nehmen wollte. Sie sprang einfach über Bord, hatte aber leider vergessen, dass jenes lebensrettende Treppchen bereits eingezogen war. Angeblich hat man später die Kratzspuren ihrer Fingernägel an der Bordwand gefunden. Und ihre Leiche an irgendeinem Strand. Ich bin schweißgebadet, wenn ich mir diesen Tod auch nur flüchtig vorstelle.
»Das war's dann wohl«, Dein Satz zeugt von kühner Gelassenheit angesichts höchster (See-)Not. Hat die Angst nicht mehr Worte zugelassen? Wo in Deinem Körper hast Du die Angst gespürt? Hat man sie in den Augen, wie es immer heißt?
Oder bin ich eine Drama-Queen und alles war halb so schlimm? Vermute ich fast, wenn ich Deinen Berufswunsch auf Platz 1 sehe: Kapitän zur See? Als ich über

Christine an Jörg

den »beinahe 40-jährigen Herrn Gänsebein« stolperte, habe ich schnell gegoogelt, um zu sehen, ob ich Deinen vierzigsten Geburtstag verpasst habe. Habe ich nicht, ich kann mir noch ein paar Monate Zeit lassen, um über ein schönes Geschenk nachzudenken.
Hast Du einen Wunsch? Das mit der Präfektur von Korsika werde ich in der kurzen Zeit nicht hinkriegen, aber gibt es etwas, was schnell zu erfüllen wäre und Du Dir sehnlichst wünschst?
Und langfristig geplant:
Was soll noch dringend kommen in Deinem Leben?
Wer soll noch kommen?
Hat die 40 eine Bedeutung für Dich?
Wie möchtest Du feiern? Lässt Du es krachen, oder hältst Du stille Andacht mit Rückschau im Zeitraffer?
Was meine Geburtstage angeht, waren die Nullnummern immer ein großes Erlebnis. Vor allem kulinarisch. Die 10 habe ich vergessen, wahrscheinlich gab es von morgens bis abends Milchreis mit Zucker und Zimt, die 20 war Heringssalatzeit, bei der 30 haben vier stämmige Metzger in blau-weißen Kitteln ein platt gebratenes Riesenspanferkel ins Wohnzimmer getragen, bei der 40 habe ich Sachertorte und Schnitzel in Wien gegessen, bei der 50 Fisch in Tomatensoße in San Francisco, und was bei der 60 auf den Tisch kam, erzähle ich Dir dann. Oder auch nicht. Vielleicht komme ich ja jetzt in das Alter, wo man nicht nur Zahlen, sondern auch das dazugehörige Essen lieber verschweigt.
Glaube ich aber nicht, denn ich stelle insgeheim fest:

Man traut sich eine Menge (zu), wenn man Zeit bekommt, sich an das Leben zu gewöhnen.
Schönes Beispiel ist Daniel Keel, ein Mann weit über siebzig, erfolgreicher Verleger, der alles – und das wäre in seinem Fall sehr viel Geld – dafür geben würde, wenn er noch das Stepptanzen lernen könnte. Wann immer er schlechte Laune hat, guckt er sich Filme mit Fred Astaire an, und schon geht's ihm besser. Vielleicht kaufe ich mir eine Dauerkarte fürs Hallenbad und schaue sie mir einmal in der Woche an. Wenn ich das lange genug mache, bin ich vielleicht eines Tages so weit, den Sprung ins kalte Wasser zu wagen. Freuen würde es mich schon. Und den Mann mit dem kleinen C auf der Schulter sicher auch, oder?
Was traust Du Dich demnächst?
Zu erzählen, dass die Amerikaner Dich überrascht haben? Und zwar positiv? Das können sie, das weiß ich aus Erfahrung.
Ich bin gespannt.

In diesem Sinne: *Bye-bye, baby, goodbye*
Christine

Wir haben in allem recht –

aber warum haben die hier mehr Spaß?

Liebe Christine,

Du hast lachende Augen.
So gerne ich diese schöne, wie wahre Beschreibung für mich verbuchen würde: Sie kommt von meiner Freundin.
Wir saßen heute bei Schokoladenkuchen beieinander, und sie geriet in Entzücken, als wir von Dir sprachen. Wenn wir fünfzehn Minuten zu Fuß gegangen wären, hätten wir dem mächtigsten Blödmann der Welt sagen können: »Die Frau Westermann ist meistens viel besser

Jörg an Christine

drauf als unsere Bundeskanzlerin, die sollten Sie mal kennenlernen. Weil die immer ehrlich sein muss, würde die Ihnen auch sagen, dass Sie in Deutschland flächendeckend doof gefunden werden.«

Ich bin zum vierten Mal in fünf Monaten in Washington D. C. und fühle mich hier wohl. Erstaunlicherweise denke ich auf dem Weg zum Supermarkt gar nicht daran, dass ich jetzt gleich auf dem Territorium der letzten verbliebenen Supermacht einen Weißkohl aus dem Gemüseregal nehmen werde. Und an den Präsidenten denke ich schon mal überhaupt nicht. Außer er fliegt, wie kürzlich passiert, mit seinem Hubschrauber beim Joggen über mich hinweg.

Häufiger fallen mir die Kollegen ein, die sich selbst globale Bedeutung verleihen, wenn sie raunen, dass sie »wegen Bush« zurzeit nicht in die Vereinigten Staaten reisen. Kann einen ja auch zornig machen. Guantánamo, Krieg, evangelikale Engstirnigkeit und alltäglicher, unverbesserlicher Rassismus. Einen Menschen ganz nahe an den Ertrinkungstod heranzuführen, darf man hier ungestraft »weiterentwickelte Verhörmethode« nennen. Habe ich in dieser Woche im Radio gelernt. Von einem Mann aus dem US-Sicherheitsapparat, der es richtig fand, Terrorverdächtige unter Wasser in Panik zu versetzen, bis sie etwas auspacken, wovon er selbstverständlich nicht berichten darf.

Muttis, die bei uns mit dem Fahrrad einkaufen fahren, sitzen hier in einem 300-PS-Panzer anderthalb Meter hoch über der Straße und finden nichts dabei. Wenn sie ein-

zuparken versuchen, drücken sie gerne mal einen Baum aus den Wurzeln, aber sie sitzen in ihrem Klimakiller absolut sicher. Carsharing, Dosenpfandverordnung, »Nie wieder Krieg« – wir haben in allem recht. Aber warum haben die hier mehr Spaß? In Berlin könnte ich mit einem hiesigen Standard regelrecht schocken. Wenn ich meine Supermarktkassiererin in Pankow-Niederschönhausen frage, wie es ihr heute geht, wird sie nicht antworten, sondern taxieren, was denn bei mir heute wohl aus der Schiene gesprungen ist. Ich erinnere mich auch an kein einziges politisches Gespräch an der Kasse meines Einkaufsladens. Nach wenigen Tagen hier wollte der Mann, der die Preise eintippt, aber gleich wissen, woher wir denn kommen. Aha, aus Deutschland. Da könnten wir ja froh sein, dass unsere Regierungschefin bis zehn zählen kann. Die hätte bei ihrem Besuch in Washington übrigens einen sehr guten Eindruck gemacht. Sagte der grauhaarige Mann mit der Arbeitsschürze. Einer, an dem ein deutscher Gewerkschafter sofort demonstrativ klarmachen würde, in welches Elend der entfesselte Kapitalismus führt. Zu den ganz, ganz schlimmen »amerikanischen Verhältnissen«, unter denen ein Mann von deutlich über 60 noch im Supermarkt arbeiten muss.
Ich bin hier, weil meine Freundin hier arbeitet und wir an mehr als einer losen Brieffreundschaft interessiert sind. Meine Aufenthalte hier sind also rein hedonistischer Natur. Ich könnte niemals die Regeln eines Baseballspiels erklären, ich kann nicht schön Klavier spielen, und ich führe die Amerikaner in der Nachbarschaft auch nicht

Jörg an Christine

an unsere hochklassige Bratwurst-Kultur heran. Obwohl das bitter nötig wäre. Jedenfalls war mir nach Weinen zumute, als ich bei einem Straßenfest vor wenigen Tagen mit ansehen musste, wie unschuldige rosafarbene Kunstwürste Opfer der Flammen wurden.

Auch wenn ich hier also keinem Einheimischen etwas erkennbar Gutes tue, werde ich nicht behandelt wie ein Fremder. Etwa wie ein störender Urlauber auf Korsika, oder wie einer, der sich bitte baldmöglichst in seine Nazi-Heimat schleichen möge. Also wie ein deutscher Naherholer in Holland. Mein Englisch klingt garantiert wie das derjenigen, die in den Weltkriegsfilmen im US-Fernsehen die ganz Bösen sind. Dennoch spricht man mich mit »Sir« an, ich werde angelächelt und angesprochen, als sei ich einer von hier. Klarer Fall, das ist die typisch amerikanische Oberflächlichkeit, würden mir dazu die Amerikakenner sagen, die die derzeitige Regierung echt nicht mit ihrem Urlaubsgeld unterstützen wollen. Die mir aber bisher auch noch nicht erklären konnten, was denn genau das Tiefsinnige an unseren heimischen Barschheiten ist.

Du hast mehrere Jahre in diesem Land gelebt. Vielleicht kannst Du mir erklären, warum es mir bei der Ankunft hier so vorkommt, als wären in ein Schwarz-weiß-Bild plötzlich Farben geraten? Sind es nur Worte, oder ist es mehr? Lebenseinstellung? Haltung? Als ich vor ein paar Tagen mit dem Zug reiste, fühlte ich mich sehr zu Hause. Es gab eine knüppeldicke Verspätung, und dass wir von der Klimaanlage nicht gewärmt, sondern gegart wurden, war den Zugbegleitern so gleichgültig, wie es auch einen ICE-Chef nicht gejuckt hätte. Aber die Ansprache war eine andere. Niemals hätte einer der Durchsager davon gesprochen, dass »in Hamm eine Zugteilung stattfindet«. Stattdessen hieß es zur Begrüßung: »Hallo, Leute, es geht gleich los.« Der Schaffner rappte sich auch ansonsten durch die Städte, in denen sein Zug hält, als säße in jedem zweiten Sessel ein Musikmanager, der ihn möglicherweise engagieren möchte. In Sachen Heimatliebe habe ich mir aber nichts vorzuwerfen. Denn ich stand beim New-York-Marathon am Straßenrand und habe, so laut wie noch nie in meinem Leben, »Hans-Dieter« oder »Rolf, Rolf, Rolf« gerufen. Da bei manchen Läufern kein Vorname auf dem Hemd stand, war ich bei einer Athletin sogar gezwungen, »Los, Düsseldorf, weiter so« zu schreien.

Die Sportler haben sich wohl gefreut, wenn ich die entspannten Gesichter richtig gelesen habe. Ich mich aber auch. Über dieses ungewohnte, aber letztlich wohlige Zusammengehörigkeitsgefühl. Euch kenne ich, dachte ich, ihr kommt auch aus diesem Land der Verdruckste, Zögerlichen und Mürrischen. Genau wie ich. Ein »Ich liebe mein Land« perlt den Amerikanern ohne große Mühe und bei jeder Gelegenheit über die Lippen. Ich belasse es bei »Wir können tolle Würste« und halte das schon für einen Liebesschwur. Jedenfalls, wenn man es schon 39 Jahre miteinander aushält.

Dabei fällt mir Deine böse Frage nach dem glatten Geburtstag ein, den ich zu bewältigen habe. Hat mich sehr verblüfft, dass Du Dich noch an jedes Geburtstagsmahl erinnern kannst. Ich habe noch einen Marmorkuchen zum 30. in Erinnerung. Den hatte die Freundin meines Bruders liebevoll für mich gebacken. Trotzdem saß mir ein großer Trauerkloß im Hals, denn die Frau meines Herzens romantisierte an diesem schönen Sommertag mit einem anderen am Rhein.

Du siehst: Ich habe von den Amerikanern noch nicht wirklich gelernt. Sonst würde ich nicht jammervolle Geschichten aus dem Gedächtnis kramen, sondern Episoden bergen, die mit »It was absolutely great ...« beginnen könnten.

Ich habe Grund anzunehmen, dass Du das viel besser kannst. Woher kommen denn sonst bitte schön die lachenden Augen?

Selbstverständlich nehme ich hier weiter Nachhilfe in sonnigem, realitätsvergessenem Optimismus. Und schicke Dir ein strahlendes Lächeln. Leider ohne das verblüffende amerikanische Zahnweiß, sondern mit den Einschränkungen, denen das Lächeln eines mittelalten, europäischen Starkrauchers nun mal unterliegt.

Aber mit reinem Herzen.

Dein Jörg

Schau mir in die Augen,

aber hör nicht so genau hin …

Lieber Jörg,

hier schreibt die Frau mit den lachenden Augen und den roten Ohren, die sie bei solch feinen Komplimenten unfreiwillig bekommt. Auch ein bisschen schamrot, weil sie weiß, dass Du sie noch nicht durchschaut hast. Wie auch?
Ich sehe was, was Du nichts siehst, könnte Dir stattdessen der Mann meines Lebens anvertrauen. Diese Augen, würde er erzählen, mimen in bestimmten Lebenslagen perfekt die beleidigte Leberwurst, klagen das Gegenüber

stumm an und verhängen als Höchststrafe ohne mit der Wimper zu zucken Mumpfigkeit nicht unter fünf Stunden.
Wenn sie sich mit ihrem Blick unbestimmt in der Ferne verlieren, lügen sie, und wenn Not am Mann ist, werden sie zur Wunderwaffe. Manchmal organisieren sie auch überraschende Ablenkungsmanöver: »Schau mir in die Augen, aber hör nicht so genau hin …« Ich weiß nicht, wie es derzeit um Dein Englisch bestellt ist, aber in meiner Amerikazeit gab es Situationen, in denen ich lieber die Augen als den Mund sprechen ließ, vor allem, wenn sich abzeichnete, dass im zu erwartenden erotischen Gestammel auf meiner Seite ein Ti-eitsch nicht zu vermeiden war. Ich werfe leider schon im deutschen Leben Sex und Soße in einen Topf, der Unterschied zwischen einem stimmlosen und einem stimmhaften S hat sich mir nie so ganz erschlossen. Das ist allerdings nichts im Vergleich zu dem lingualen Kunststück, das die englische Sprache einem abverlangt, wenn man nur mal versucht, das Wort »clothes« akustisch korrekt hervorzubringen. Wo hängt die Zunge, wann ist sanftes Sausen, wann scharfes Zischen angebracht? Nicht dass ich es an Übung hätte mangeln lassen. Im Gegenteil, ich hatte mir meine Wohnung so ausgesucht, dass mir beim Anruf in der Taxizentrale ein kleiner Schweißausbruch und Prüfungsangst garantiert waren. Meine Adresse lautete: 4331 17th street, Apartment 33. Fünf »ths« in acht Ziffern. Schlimmer geht's nimmer.
In den zehn Jahren, die ich in San Francisco gelebt habe,

Christine an Jörg

verspürte ich vor allem am Ende manchmal den geheimen Wunsch, nicht als Tourist durchzugehen, sondern als Einheimischer anerkannt zu werden. Aber selbst bei Sätzen ohne den Zungenbrecher gelang es mir nicht, meine europäische Herkunft zu verbergen. »Golden Gate Park, please«, lasse ich den Taxifahrer in perfekt vorgetragenem Amerikanisch wissen. Kein »th« weit und breit zu hören, und er wendet sich mir zu und strahlt: »Oh, honey, where does this lovely accent come from?« Bingo.
Ich habe mich gefreut. Über Dich und Deinen Brief. Darüber, dass Dein Amerikabild neue Farben bekommt. Darüber, dass »die Amerikaner« verblassen und Du stattdessen Menschen wahrnimmst. Und deshalb fordere ich Dich auf: Tu diesen feinen Grobschmeckern in Deiner neuen Nachbarschaft etwas wirklich Gutes, werde ihr Bratwurst-Botschafter. Recht hast Du, wir haben eine klassische Bratwurstkultur, deshalb lass uns die Thüringer, die Nürnberger, die Frankfurter, die Roten und die Weißen in die (neue) Welt hinaustragen. Ich ernenne Dich hiermit offiziell zum Washingtoner Wurstwart. Keine leichte Aufgabe, wie ich aus leidvoller Erfahrung berichten kann. Ich habe mehrmals an der Westküste ein »typical German Octoberfest« ausgerichtet. Das erste Mal sogar mit original weiß-blauen Wurstwaren. Bin aber unglücklich am kalifonischen Zoll gescheitert, dessen Spürhunde schon am Gepäckband mit hängenden Zungen und triefenden Lefzen meinen Koffern hinterhechelten. Vor meinen Augen wurden dann bei der Kontrolle drei Dutzend Würste zu amerikanischem

»garbage«. Mein Einwand, sie seien eingeschweißt und abgebrüht, wurde abgeschmettert. Die Angst vor der Garchinger Fleischfliege und dem Isar-Wurstwurm war wohl größer. Fortan habe ich geschummelt und in einem deutschen Feinkostladen am Rande der großen amerikanischen Stadt, in dem es nach Oma und den Fünfzigerjahren roch und der neben Dominosteinen auch Hering in Tomatensoße und handgeklöppelte Spitzendeckchen bereithielt, deutsche Würstchen aus Minnesota gekauft. Für ein Schweinegeld.
Wenn Du Dich bei Deinen neuen amerikanischen Freunden ins Zeug legen willst, koche ihnen eine Linsensuppe. Mit Kartoffeln und Möhren und Sellerie, und zeig ihnen, dass am Schluss ein Schuss Essig dazugehört. Und wenn sie stattdessen Ketchup wollen, lass Dir nichts anmerken, da kommst Du auch noch hin. Nimm Dir ein Beispiel an mir. Zu Beginn meiner US-Zeit wollte ich es nicht fassen, dass es eine friedliche Koexistenz zwischen Spiegeleiern mit Speck, Waffeln mit Ahornsirup, Bratkartoffeln und frischem Obstsalat geben kann. Alles nebeneinander friedlich auf einem einzigen Teller. Damals habe ich europäisch-elitär bei diesem Anblick die Nase gerümpft, heute liebe ich die Mischung aus salzig und süß, fett und gesund. An meine Spiegeleier lasse ich nur Ketchup. Und wenn es besonders gut läuft, auch baked beans. Das ist dann aber ein echter Glücksfall, ein Food-Fest. Vorher muss allerdings ein Carepaket meiner amerikanischen Freunde bei mir eingetroffen sein. Mit Chili-con-carne-Gewürz, mit Bodylotion, die es in dieser

sanft bräunenden Ausführung nur bei Walmart gibt, mit 5-Dollar-Brillen von der Tankstelle, Streichhölzern, die an jeder Schuhsohle Feuer fangen, und amerikanischen Bohnen in Tomatensoße, am besten von Heinz. Bei den Bohnen dieser Marke werden Träume wahr. Ich wähne mich mitten in der Nacht irgendwo in der Prärie am Lagerfeuer, links heult der Kojote, rechts schleicht sich die Rothaut an, und vor mir hat John Wayne alles im Blick, und wir löffeln gemeinsam unsere Bohnen. Wenn Du noch ein bisschen mehr USA-Leben kennengelernt hast, schlage ich Dir vor, wir machen uns gemeinsam fit für einen Auftritt bei »WETTEN, DASS ..?«. Wetten, dass wir unter hundert Menschen aus der ganzen Welt, die an einem Tisch sitzen und Steak mit Kartoffelbrei essen, den einen Amerikaner herausfinden? Ist ganz einfach. Schreib es mir, wenn Du es zu ahnen glaubst.

Wenn wir schon beim Essen sind. Ich liebe amerikanische Supermärkte. Ja, natürlich auch die netten Leute an der Kasse (»Hi, sweetie, how are you today, I love your sweater ...«) und die, die Deinen Einkauf perfekt in braune Papiertüten packen und genau wissen, dass Himbeeren und Eier obenauf liegen müssen. Ich liebe die dreißig Meter langen Regale, in denen es nur Chips und nichts anderes gibt. Die Eiscremekühlschränke mit ungezählten Geschmacksvarianten, von Vanille mit zerkrümelten Maracujakeksen bis zu ... nein, das andere Extrem fällt mir nicht ein. Im Ausdenken von kruden Kombinationen sind sie dort unschlagbar. Ich liebe die

Gemüse-Obst-Abteilung, ein Stillleben der gesündesten Farben, in das alle zwei Minuten Leben kommt, wenn ein Glöckchen erklingt und Sekunden später eine sanfte Dusche von oben selbst wasserscheue Rüben erfrischt. Und ich liebe es, dass man das alles 24 Stunden um die Uhr haben kann. Zehn Jahre habe ich in Amerika gelebt, aber immer wieder samstags hat sich am Nachmittag das deutsche Ladenschlussgesetz von hinten angeschlichen und mir einen kleinen Panikanfall beschert: Habe ich auch an alles gedacht?

Wenn ich jetzt, zurück in Europa, an Amerika denke, sind es die Dinge des Alltags dort, nach denen ich mich manchmal zurücksehne. Die Kinovorstellungen, in denen die Leute am Ende wie im Theater klatschen, wenn es ihnen gefallen hat. Die New York Times, die es jederzeit mit der Süddeutschen Zeitung aufnehmen kann. Die Footballspiele am Sonntag im Fernsehen, das erste um neun Uhr morgens, das letzte um vier Uhr nachmittags. Die amerikanischen Sportreporter, die fröhlich und kenntnisreich kommentieren. Die amerikanischen Serien am Abend, die von der hysterischen deutschen Synchronisation befreit sind und über die man deshalb richtig lachen kann. Die amerikanischen Bars, in die man nach der Arbeit einfällt, die statt schummrigem Licht einfach nur eine schöne Atmosphäre haben. Bars, in denen der Mann am Klavier Cole Porter rauf- und runterspielt und mir – schon vor dem ersten Drink – das Gefühl von grenzenlosem Wohlbehagen gibt.

Weißt Du, wie Du mir jetzt eine große Freude machen

Christine an Jörg

kannst? Schnapp Deinen Mantel, hol Deine Liebste von der Arbeit ab, geh mit ihr in Eure Lieblingsbar, bestellt bei dem netten Barmann ein paar Drinks auf meine Rechnung. Und wenn der Pianoplayer fragt, was ich hören möchte, dann sagt ihm »You can't take that away from me«.
Erhebt Euer Glas, trinkt auf die Nörgler in Deutschland, die deutschen Bratwürste und darauf, dass es in Amerika Dinge gibt, die hier erst noch erfunden werden müssen. Zum Beispiel den Zermalmer, der unsichtbar im Spülbecken lauert. Du kippst Essenreste in den Abfluss, legst einen Schalter um, es gibt für Sekunden einen infernalischen Lärm, aber währenddessen hackt der unheimliche Häcksler im Abflussrohr alles kurz und klein. Im besten Fall erwischt es nur den Abfall, manchmal versehentlich den Falschen, dann gibt es auch schon mal Hamsterhaschee. Aber es wäre nicht Amerika, wenn man nicht irgendwo auf den Gelben Seiten die Telefonnummer einer Selbsthilfegruppe für die trauernden Hinterbliebenen tödlich verunglückter Haustiere finden würde.
In diesem Sinne noch viel Spaß beim Entdecken der ungeahnten Möglichkeiten, die dieses Land bietet, und viele Grüße.

Dein Braunauge

PS: Bist Du hier, bist Du da oder in Amerika? Und wenn ja, dann lass Dich voll auf diese knallbunte amerikanische Vorweihnachtszeit ein und schreib mir, wie

Schau mir in die Augen, aber hör nicht so genau hin …

Du sie findest. Ich fand es immer toll, und amerikanische
Weihnachtsfeste waren die einzigen, an denen ich nicht
geheult habe. Und das will was heißen.

Wie würdest Du Dich als Passagierin in einer Boeing-737 fühlen, deren Landeanflug auf Köln-Bonn von Frank Plasberg versucht wird?

Liebe Christine,

es hat leider nicht geklappt.

Angeblich hat Joschka Fischer seine Memoiren über dem Atlantik geschrieben. Stand jedenfalls in irgendeiner Zeitung. Mit dem sozialneidischen Hinweis, er habe natürlich in der Ersten Klasse gesessen, also selbst oben noch höher als die anderen. Genau dort wollte ich diesen besonderen Brief auch schreiben. Zwar nicht First Class, aber der Bildschirm hätte sich auch an meinem Platz aufklappen lassen. Und der Schlusssatz hätte lauten können: »Jetzt Neufundland in Sicht – aber Dein Bild vor Augen, Dein Jörg.«

Neben mir ein Glas des roten Franzosen, den die Lufthansa zum Glück auf ihren Wagen durch die Kabine rollen lässt. In der Hand die imaginierte Zigarette und im Bauch endlich das triumphale Wohlgefühl, zu den wichtigen Menschen zu gehören, die im Flugzeug »so wahnsinnig gut« arbeiten können. Die Künstlerin Shakira ließ uns erst kürzlich wissen, dass ihre besten Einfälle sie während des Fliegens befallen. Sie denkt also wahrscheinlich darüber nach, welches Kleidungsstück sie in ihrem nächsten Video sonst noch weglassen oder ausziehen könnte.

Der Brief an Dich, geschrieben bei einem Tempo von 800 Stundenkilometern und hoch über dem Grund, blieb leider nur ein Wunsch. Ausnahmsweise lag es nicht an meiner Skepsis gegenüber dem Fliegen an sich. In den vergangenen Jahren musste ich immer meine gesamte Konzentration darauf verwenden, eigenartige Geräusche des Flugzeugs zu identifizieren. Also irgendein fatales Rumpeln, das uns zu einer Notlandung auf Wasser zwingt, nachdem ich meine Beobachtung den Piloten im Cockpit gemeldet habe. Die natürlich ohne meinen Hinweis verloren gewesen wären.

An dieser Stelle muss ich einen kurzen Ausflug zum Thema »Gewinnertyp oder Verlierergestalt?« machen. Den erlaube ich mir nur deswegen, weil es um einen Mann geht, der Dir bestens bekannt ist.

Wenn die Flugbegleiterinnen die Schwimmwesten vorführen, bin ich sicher, dass ich dieses Gerät im Verlauf der Reise gewiss tragen werde. Außerdem weiß ich: Am Ende der Notrutsche werde ich versuchen, nicht direkt ins kalte Wasser zu plumpsen, sondern erst den Oberkörper mit Atlantikwasser einreiben, genauso wie es die Omis im Hallenbad in Dortmund-Lütgendortmund immer gemacht haben, um keinen Herzanfall zu erleiden. Meine Weste wird sich nicht richtig aufpusten. Während alle anderen Passagiere schon gerettet planschen, muss ich in würdeloser Weise mit den Plastikmundstücken nachpusten. Die von mir begehrte Stewardess, mit der ich eine »Titanic«-artige Abschiedsszene im Schilde führe, wendet sich logischerweise von mir ab, weil ich beim Aufblasen so dicke Backen mache. Es fällt ihr leicht, mich zu vergessen. Denn weil das Signallicht an meiner Weste auch nicht funktioniert, treibt mich die Strömung anonym davon. So weit zu den Fantasien, die mir nahelegen, mich als Opfertyp zu begreifen. Nur um den Ausdruck »Loser« zu vermeiden. Wie stellt sich die andere Gruppe Mann einen Flugunfall vor? Womit rechnen die »Winner«, die »Alpha-Team-Mitglieder«? Frank Plasberg (genau, Dein Frank) erzählte kürzlich, dass er immer mit der Durchsage rechnet, ob vielleicht ein Pilot an Bord sei. Dann würde er warten, bis sich ein Profi meldet. Sollte das nicht der Fall sein, müsste er ran. Glaubt er jedenfalls. Weil er am Computer-Simulator Erfahrungen gesammelt hat, stellt er sich das Ganze nicht mehr so wahnsinnig schwierig vor. Dir muss ich diese Frage stellen können, liebe Christine: Wie würdest Du Dich als

Jörg an Christine

Passagierin in einer Boeing-737 fühlen, deren Landeanflug auf Köln-Bonn von Frank Plasberg versucht wird? Ich habe kurz überlegt, ob ich ihm nicht selbst bei einem solchen Husarenritt noch mehr vertrauen würde als anderen.

Mich haben zwei Lufthansa-Vollprofis über das große Wasser gebracht, es lag also auch nicht an einem steuernden Fernsehkollegen, dass aus meinem Atlantikbrief nichts geworden ist. Eine schnöde Erkältung war der Grund. Ich lag mumienhaft eingerollt auf meinem Sitz und ließ Film auf Film folgen. Die Flugbegleiterinnen fürchteten sich offenbar vor dem Blick aus meinen fiebrig-glasigen Augen und gossen völlig ungefragt ständig Wasser nach.

Selbstverständlich konntest Du damals in der amerikanischen Fremde nur mit den Augen sprechen. Weil die vielfach mit Recht gepriesenen braunen Augen mindestens so tun, als könnten sie nur schöne Geschichten erzählen. Ich muss auf Sprache zurückgreifen. Allein schon um die Missverständnisse auszuräumen, die mein Mienenspiel auszulösen scheint. »Sie haben so böse geguckt, und da dachte ich ...«, fangen oft Sätze von Leuten an, die ich mit einem freundlichen Gesichtsausdruck zum Gespräch einladen wollte.

Es kann nicht an den anderen, es muss an meinem Gesicht liegen, wenn mir ein Gegenüber große Traurigkeit unterstellt, obwohl mich gerade im Moment des Kontakts die Aussicht auf drei freie Tage, Rotweinströme und Tanz in eine beinahe gekitzelte Ausgelassenheit versetzt. Ich bin an Abenden, durch die ich mich mit drei Orangensaft retten musste, dennoch der Betrunkenste gewesen. Warum? Weil es mein Gesicht so sagt.

Nimmst Du es mir also übel, wenn ich lieber nicht Bratwurst-Botschafter in den Vereinigten Staaten sein möchte? Der Mann, der so gucken kann wie seine Würstchen? Zumal ich Deine Erfahrungen mit der strengen Lebensmitteleinfuhr teile. Bei der Anreise musste ich eine Dose Lebkuchen einschweißen lassen, als sei es eine Ebola-Probe.

Deine Scheu vor dem schlecht Fremdsprechen teile ich nicht. Zwangsläufig nicht. Weil es mir lebenslang nicht gelingen wird, Englisch zu sprechen wie Prinz Charles, eifere ich denen nach, die durch beständiges Ringen mit einer widerspenstigen Fremdsprache für Aufsehen gesorgt haben. Henry Kissinger spricht bis heute mit deutschem Akzent im Amerikanischen und mit amerikanischem im Deutschen. Bruce Darnell hat ein eigenes Handtaschen-Deutsch entwickelt, und die vielen erfolgreichen Holländer im deutschen Fernsehen können hoffentlich wenigstens richtig Holländisch. Wie genau mein hiesiger Durchbruch gelingen soll, steht mir noch nicht genau vor Augen. Aber ich versuche es mit dem ortsüblichen Optimismus. Gelegentlich streue ich bereits Details meiner beruflichen Biografie, damit ich bald als völlig unbekannte deutsche Celebrity, die man aber kennen sollte, wahrgenommen werde. Zum Glück haben Heidi Klum und Claudia Schiffer bewiesen, dass auch Deutsche berühmt werden können, denen nicht

sofort das Anzetteln eines Angriffskrieges zuzutrauen ist. Als ich kürzlich nach meinem Beruf gefragt wurde, antwortete ich der Friseurin, ich sei »Talkshow Host«.
Zu meiner Verblüffung rief sie sofort laut in die Runde, eine Art deutsche Oprah Winfrey säße in ihrem Stuhl. Die Begeisterung darüber war amerikanisch, also kontrolliert hysterisch. Jetzt das Differenzieren anzufangen, zwischen einem kleinen Regionalsender und den großen Talkshows von Johannes B. Kerner und Reinhold Beckmann, erschien mir zu kompliziert. Die beiden kennt hier zum Glück auch keiner.
In ein paar Tagen erlebe ich zum allerersten Mal Weihnachten in den USA. Überhaupt zum allerersten Mal in 39 Jahren außerhalb von Deutschland. In dem Heimatland von Bing Crosby und »White Christmas«. Über das ich so oft mit meiner Oma gestritten habe, weil sie es nicht als Weihnachtslied auf kultureller Augenhöhe mit »O Du fröhliche« oder »Es ist ein Ros entsprungen« anerkennen wollte.
Du hast geschrieben, dass Dir bei amerikanischen Weihnachtsfeiern nicht traurig zumute wurde, während Du in Deutschland immer weinen musstest. Warum eigentlich? Wegen der schweren Lieder? Oder wegen der Stimmung, für die es das Wort »besinnlich« gibt? Nach meiner Meinung eine hässliche Wortschwester des ebenfalls nicht gut geratenen Wortes »gemütlich«. Mir gruselt vor beiden Begriffen. Bei »Gemütlichkeit« denke ich an Hüttenschuhe und an eine Luft abschnürende Enge in Heizungsmief. Keine Atmosphäre, in der ein Gedanke

mit einer passablen Spannweite eine Auftriebsthermik findet.

Bei gemütlichen Fernsehsendungen klatschen die Zuschauer rhythmisch zu dem, was ein blondierter Heini singt. Gemütliche Dicke aus dem deutschen Fernsehen werden irgendwann erschlagen in der Einliegerwohnung ihres Doppellebens gefunden. Wenn ein protestantischer Geistlicher in einer Radioansprache zum Fest »besinnliche Weihnachten« wünscht, meint er es nicht gut. Ich höre aus dem Wunsch: Lassen Sie sich zum Geburtstag des Herrn nicht zu sehr gehen, kein Ententanz am Gabentisch, bitte! Denken Sie auch an die anderen, denen es schlechter geht als Ihnen. Und überhaupt: Haben Sie eigentlich verdient, dass es Ihnen so verdammt gut geht?

Mit dem verdrießlichen Gesichtsausdruck, der bei dieser Frage sofort entsteht, möchte uns der Herr Pfarrer sehen, so geht »besinnlich«.

Deswegen wünsche ich Dir auch alles andere als besinnliche Weihnachten. Sondern Christine-Weihnachten. Ein schlemmendes Geburtstagsfest, auch wenn Du zu Hause mit weniger Eissorten auskommen musst als in Deiner Ami-Phase. Weil ich spätestens am zweiten Weihnachtsfeiertag (den es hier nicht gibt, wie ich lernen musste) wieder in Steakhäusern verkehren kann, halte ich Ausschau nach Deinem Rätsel. Woran man den Amerikaner erkennen kann, wenn er Steak und Kartoffelbrei isst.

Ich danke Dir für die vielen Offenbarungen, nicht nur für die Halluzination von Deiner Mutter, die, nachdem

Jörg an Christine

Du Hasch-Schokolade gegessen hast, offenbar auferstanden über den Flur huschte.
Du hast mir auch einiges verschwiegen. Aus unterrichteten Kreisen weiß ich, dass Du in Deiner Zeit bei der »Aktuellen Stunde« einen Pullover getragen hast, an dem absichtlich eine Art Indianerzopf hing. Du sollst dieses Kleidungsstück sehr geliebt haben. Warum? Kanntest Du den Indianer?
Sollte es uns gelingen, eine Bar mit Pianisten zu finden, der dann auch noch »You can't take that away« spielt, werden wir die Gläser heben und nach dem Tanz in Richtung Osten prosten. Du bist dann gemeint. Und ich werde darüber nachdenken, ob nicht auch Fleischsalat mit Spumante ein nobles Weihnachtsessen sein kann. In Deiner Gesellschaft ganz bestimmt.

Dein Jörg

Eine Hand am Colt,

die andere in den Bohnen.

Lieber Jörg,

gern hebe auch ich mein Glas und proste quer über den Atlantik zurück. Wenn Du einverstanden bist, ersetze ich den Spumante durch meine Lieblingschampagnermarke, die mich seit vielen Jahren durchs Leben begleitet. Manchmal, wenn ich die Flasche mit dem vertrauten Etikett in der Hand halte, kommt mir für den Bruchteil einer Erinnerungssekunde jener besondere Mann in den Sinn, der mich nicht loslassen wollte und mir die Trennung schwer gemacht hat. Er

wohnte im vierten Stock, und ich stieg zu einem letzten Gespräch, dessen trauriges Ende schon abzusehen war, zu ihm hinauf. Auf jede Treppenstufe hatte er eine leere Champagnerflasche mit einer brennenden Kerze gestellt. Champagnerflaschen, die wir gemeinsam ausgetrunken hatten. Man mag an der Menge ermessen, dass unsere Beziehung eine sehr intensive war, aber dennoch so kurz, dass wir es nicht geschafft haben, einmal Silvester miteinander zu feiern.
»You can't take that away« ist in diesem Zusammenhang übrigens ein gnadenlos gutes Abschiedslied, nicht nur für eine Beziehung, auch für ein Jahr, das sich wie eine abgenutzte Liebe dem Verfallsdatum nähert.
Freust Du Dich auf Silvester, auf den Übergang? Ich finde, den letzten Sekunden des alten und den ersten des neuen Jahres wohnt ein unglaublicher Zauber inne. Momente, in denen ich alles erhoffe und nichts befürchte, in denen mich ein grandioser Kinderglauben packt, der mich absolut sicher sein lässt, dass schon alles gut gehen wird, mit mir und dem neuen Jahr.
Diese Macht der guten Hoffnung habe ich mal besonders intensiv in einer Silvesternacht gespürt, als ich nierenkrank und fiebrig im Bett lag, frisch verlassen und allein. Recht hatte ich. Ein Jahr später hatte sich mein Leben komplett gedreht, ich pfiff auf eine Silvesterparty mit Freunden und stand Schlag zwölf lieber mutterseelenallein auf Zehenspitzen in der Badewanne, dem einzigen Ort meiner Kölner Wohnung, der mir einen spektakulären Blick über die Dächer der Stadt bot. Mit der

Christine an Jörg

einen Hand hielt ich mich am Fensterrahmen fest, mit der anderen am Champagnerglas. Ein federleichter Abschied aus Deutschland, mit dem Herzen war ich schon in Amerika.
Wie wirst Du dort feiern? Vermutlich zweimal. Zum ersten Mal, wenn Du weißt, dass sie jetzt in Deutschland das neue Jahr hochleben lassen, und dann Stunden später, wenn es in Amerika so weit ist. Vielleicht waren die Jahreswechsel in Amerika für mich auch wegen der Zeitverschiebung immer etwas Besonderes.
Sehr speziell und mir deshalb auch noch ganz gut in Erinnerung war ein Silvesterfest, das ich in Palm Beach verbracht habe. Palm Beach, das ist betreutes Wohnen auf einer riesigen grünen Oase mitten in der kalifornischen Wüste. Die Menschen dort waren vermutlich einmal schön, jetzt sind sie nur noch reich und so alt, wie Johannes Heesters nie werden möchte. Nein, ich will nicht preisgeben, wie es dazu kam, dass ich am Abend des 31. Dezember neunzehnhundert-was-weiß-ich-wann im großen Ballsaal eines teuren Hotels saß. Mit mir an der langen Tafel hockten tief gefaltete Menschen, die sich wie Kindergartenkinder lustige Hütchen aufgesetzt hatten und sich um Schlag zwölf bunte Papiertröten ins Gesicht bliesen. Schon Stunden vor Mitternacht hatte man Hunderte von Gläsern mit Sparkling Wine gefüllt, die nur unwesentlich verspätet gegen halb eins serviert wurden. Leider hatten da die ehemals feinen Bläschen im warmen Sekt ihren Geist schon lange aufgegeben, was kaum einem weiter auffiel, weil ein großer Teil der Fest-

gesellschaft zu diesem Zeitpunkt mitsamt Gehilfen bereits auf dem Weg zu ihren Oldsmobiles war. Ich glaube, dass sich an jenem Silvesterabend in Palm Beach meine ganz persönliche Neujahrsverzauberung nicht eingestellt hat und dass es folglich auch kein besonders gutes Jahr gewesen sein kann. Aber, um ehrlich zu sein, ich weiß es nicht mehr.

Ich habe übrigens mal einen Jahreswechsel im Flugzeug verbracht. Von einer Zeitzone in die nächste. Keine Glocken, schon gar kein Feuerwerk, wenn man mitten in der Nacht über irgendeinen schwarzen Ozean fliegt, und Champagner im Flugzeug ist nun auch kein besonderes Ereignis mehr. Noch Wochen später hatte ich das unbestimmte Gefühl, das neue Jahr trete irritiert auf der Stelle und jemand müsse ihm und auch mir helfen, einen Anfang zu machen und in den Januar zu kommen.

Flugangst, wie Du sie kennst, ist mir übrigens fremd. Bei der Vorstellung allerdings, dass Frank Plasberg als Katastrophenpilot im Cockpit einer 737 eine Landung inszeniert, könnte ich augenblicklich welche bekommen. Frank würde vermutlich noch während des freien Falls der Maschine den zugeschalteten Fluglotsen versichern, dass er damals beim virtuellen Abschmieren seiner Boeing auch alles bestens im Griff hatte und dass sie ihm jetzt nicht dauernd dazwischenquatschen sollten. Was er verschweigen würde, ist die Tatsache, dass es bei jenem simulierten Anflug auf den Flughafen von Lissabon Zeugen gab, die bestätigen können, dass er die Maschine

Christine an Jörg

irgendwo am Strand der portugiesischen Küste in den Sand gesetzt hat. Jene Zeugen wurden wenig später mit Rotwein und Gulasch ruhiggestellt, somit blieb die Schmach am Küchentisch.

Dass Frank beim Rückblick auf unsere gemeinsame Fernseharbeit sofort dieser Indianerpullover einfällt, darauf hätte ich eine Flasche Feuerwasser verwettet. Nein wirklich, der Pullover war klasse, Millionen Fernsehzuschauer, die wissen wollten, wo ich das einzigartige Teil gekauft habe, können nicht irren.

Ich könnte mit den modischen Fehlgriffen unserer Fernsehzeit Seiten füllen, der Indianerpullover würde verblassen gegen die Sache mit der Vogelspinne. Vogelspinne habe ich die Anordnung der Plasberg'schen Haare gern genannt. Er selbst gab einmal tief betrübt im Fernsehen bekannt, dass die Ärzte schon dem pubertierenden Plasberg keine Hoffnung mehr machen konnten, dass sich die bereits damals deutlich ausgewachsenen Geheimratsecken jemals zurückbilden würden. Fortan waren Heerscharen von Maskenbildnern mit dem Kunststück beschäftigt, Haare an Stellen zu zaubern, wo definitiv nichts mehr wachsen wollte.

Falls Du noch rätselst, wie man einen Amerikaner im Steakhaus von einem Europäer unterscheiden kann, lass Dir helfen: Ein Amerikaner isst nie gleichzeitig mit Messer und Gabel. Er schneidet von seinem Steak ein paar Happen ab, legt das Messer beiseite, nimmt mit dieser Hand die Gabel auf und beginnt zu essen. Die andere Hand ruht im Schoß. Mit Messer und Gabel gleichzeitig

zu hantieren, gilt als unschicklich, es sei denn, man gibt sich als Europäer zu erkennen.
Verwegene Historiker behaupten, die Sitte komme aus der Zeit der Besiedelung des amerikanischen Kontinents, als der mutige Cowboy beim Essen am Lagerfeuer immer eine Hand am Colt und die andere in den Bohnen hatte.

Happy New Year wünschen sich die Amerikaner. Ist schön unverbindlich, aber dass es glücklich sein möge, das neue Jahr, wünsche ich Dir von Herzen.
Wenn wir uns demnächst treffen, dann sollten wir unbedingt meinen Lieblingschampagner zusammen trinken.
Vielleicht hebe ich die Flaschen ja auf und stelle sie bei Deinem nächsten Besuch mit einer Kerze auf die Treppe.

Deine Christine

Über das Kennenlernen

Es wäre ein Experiment. Aber zu verwegen, als dass ich es mich trauen würde. »Wie geht es Ihnen?«, wäre die Frage. Mehr nicht. Aber obligatorisch. Bei jedem Menschen, den ich nicht kenne. Die Frau, die grob geschätzt schon fünfzigmal meinen Liter Vollmilch über den Scanner der Kasse gezogen hat. Die könnte ich fragen. Oder müsste ich sie nicht sogar irgendwann mal fragen, wie es ihr eigentlich geht? So oft, wie wir uns sehen. Oder die Postbotin. Wir haben durchaus Kontakt. Denn wenn ich verreist bin, dann klebt sie eine Art Totenschein an meinen Briefkasten. »Weitere Zustellung nicht möglich«, oder eine ähnlich amtlich klingende Formulierung hat sie dann auf dem formatierten Aufkleber angekreuzt. »Viel zu voll, Ihr Briefkasten. Was ist denn los, wo sind Sie denn?«, verstehe ich aus dem Zettelchen. Wenn ich sie durch Zufall am Vormittag beim Einstecken der Post treffe, frage ich sie nicht, wie es ihr geht. Denn sie hat Kopfhörer auf und erwidert noch nicht einmal den Gruß. Sie hat ja die Klebezettel. Und immer Musik im Ohr. Mein Onkel war Briefträger und konnte noch lan-

ge nach seiner Frühverrentung präzise Auskunft geben, was im Privatleben seiner Kunden so alles los war. Mit einigen trank er regelmäßig einen Schnaps, andere baten ihn gelegentlich auf einen Kaffee hinein. Selbst die eher Abgeschotteten ließen kein Jahr zu Ende gehen, ohne sich mit einem Weihnachtstrinkgeld bei ihrem Postboten zu bedanken. Wenn sie nur »Frohes Fest« gesagt haben und mein Onkel nicht viel mehr erwiderte, ist das schon ein prächtiger Dialog, wenn ich an das totale Schweigen zwischen meiner Zustellerin und mir denke.
Die Wortlosigkeiten in der S-Bahn sind allerdings noch schlimmer.
In den öffentlichen Verkehrsmitteln meiner Wahlheimat Berlin darf man jederzeit um Geld bitten und einen stinkenden Hund mitführen, der auch Geld braucht. Aber die schöne Rothaarige zu fragen, wie es ihr geht, gehört sich nicht. Jedenfalls nicht nach der Absprache, die ich hinter dem stillschweigenden Nebeneinander vermute. Dabei kann ich mich wegen der jungen Frau mit dem klaren Gesicht nicht mehr auf meine Zeitung konzentrieren. Wo fährt sie wohl hin? Ihre graue Hose sah so aus, als würde sie nach der Wäsche und dem Trocknen gefaltet auf ein improvisiertes WG-Regal gelegt. Den Rucksack hat sie auch nicht gekauft, wo ich Mittelschichtsmade mir unauffällige, aber exzellente Gepäckstücke zeigen lasse. Was hören Sie denn da, hätte ich mit Blick auf ihre schwarzen Kopfhörerstöpsel fragen wollen. Wahrscheinlich hätte mir der Name des Künstlers nichts gesagt. Ich spekuliere, es war ein osteuropäischer

Künstler, dessen Sprache sie studiert. Und der in seinen Liedern darüber wimmert, warum es gute Gründe gibt, eigentlich immer wenigstens ein bisschen traurig zu sein. Zugegebenermaßen habe ich östliche Musiker unter einem generellen Schlecht-drauf-Verdacht. Mit der schönen Rothaarigen hätte ich aber gerne einem Bulgaren beim Greinen gelauscht und gegen den Kummer etwas Rotwein aus dessen Heimat getrunken. Es würde gewiss eine Schnittmenge zwischen unseren Kulturen geben. Denn sie schien nicht nur eine versunkene, bedürfnislose Melancholikerin zu sein. Dazu waren ihre Zehnägel zu akkurat, zu trendfarben, zu jahreszeitgemäß angemalt. Vielleicht hätte sie mit einem »Wie geht es Ihnen heute?« sogar umgehen können. Vielleicht bin vor allem ich einfach zu verstockt, zu sehr Sohn einer verzagten Kultur, zu schlecht im Kennenlernen.

Christine kann das viel besser. Wie Sie gelesen haben, strapaziert es sie überhaupt nicht, alles Mögliche gefragt zu werden. Wenn sie selbst fragt, dann nicht, um eine erwartete Antwort bestätigt zu wissen. Sondern weil sie etwas erfahren möchte. Wir haben uns nicht nur Briefe geschrieben, sondern auch schon eine Veranstaltungsreihe zusammen präsentiert. In Theatern und anderen großen Räumen in Deutschlands Westen. Christine hat sich an jedem Abend an die vordere Bühnenkante gestellt und gefragt, wie es den vier- oder fünfhundert Anwesenden geht. Das war sehr weit weg von der »Hallo Hannover, seid ihr gut drauf?«-Attitüde, die ich mir bei einem Remmidemmi-Radiosender im Norden angeeignet habe. Stattdessen wollte sie wirklich gerne wissen, wie es denn den Leuten ging, die doch schließlich zum Kennenlernen vorbeigekommen waren. Vielleicht liegt es einfach an ihrer Stimme. Die so klingt, als habe ein Tonmeister jede einzelne Nuance präzise kalibriert. Auch wenn man bei Briefen die Stimme des Absenders nicht hören kann: Ich habe bei jeder Seite den fabelhaften Christine-Klang im Ohr gehabt. Mit einem souveränen Lächeln in der Stimme, wie ein mitgesummtes »Trau Dich ruhig, Kleiner«. Denn richtig groß ist es nun mal nicht, wenn man die Frage »Wie geht es Dir?« gewohnheitsmäßig mit »ausgezeichnet«, »gut«, oder »bestens« beantwortet. Nur weil bei allen anderen Antwortvarianten die Abwehr nicht mehr sicher steht. Wenn zwei Menschen miteinander tanzen, kann aus dem Kontrast zwischen einer federleichten Geschmeidigen und einem hölzernen Schweren durchaus Anmut entstehen. Es wäre jedenfalls schön, wenn unser Tanz für Sie angenehmer war, als Augenzeuge eines ungelenken Schiebers sein zu müssen. Deswegen frage ich Sie jetzt nicht, sondern hoffe vor allem, dass es Ihnen gut geht.

Jörg Thadeusz

Postskriptum

Vier kurze, nie geschriebene, aber dringend notwendige Briefe:

1. An: Kerstin Gleba, Cheflektorin KiWi-Verlag

Liebe Kerstin,
ich erinnere mich noch undeutlich an ein trockenes Stück Fisch. Aber sehr deutlich an das Gefühl von kalten Füßen. Die waren eindeutig dem italienischen Sparbrötchen geschuldet, das mitten im Winter auf Heizung verzichtet hatte, weil wir in seinem Lokal die einzigen Gäste waren. Aber ein bisschen frösteln hätte man auch so können, wenn man Deinen resignierten Blick wie folgt deutete: hoffnungsloses Unterfangen mit dem Thadeusz und der Westermann. Faule Socken im Doppelpack. Tschüss, Buch.
Danke, dass Du beim Espresso schon wieder gelacht hast. Danke für Deinen Langmut, Deine überraschenden Ideen, Deine Freundschaft und schon mal Danke für die nächsten 50 Jahre, die Du noch an meiner Seite bist.
Als Lektorin. Und als Freundin.
Was hältst Du davon, wenn wir alle das fertige Buch aus symbolträchtigem Grund bei genau diesem italienischen Sparbrötchen feiern? Und dabei so viel Prosecco trinken, dass wir vergessen, wie kalt der Fußboden und wie trocken der Fisch ist?

Liebe Grüße
Christine

2. An: Birgit Schmitz, Lektorin KiWi-Verlag **207**

Einladung

Wo: In einem italienischen Lokal ohne Heizung.
Wann: Wenn Jörg aus Amerika zurück ist, unbedingt aber noch vor Wintereinbruch.
Wie: Mit totem trockenen Fisch und viel Alkohol.
Warum: Weil ich mich für Deine kurzfristige »freundliche Übernahme« herzlich bedanken möchte.
Für das kleine Zwischenspiel.
Für Deine Beharrlichkeit und Deine Sorgfalt.
Für die Vorfreude auf dieses Buch, die man Dir gleich angemerkt hat. Und die wirklich ansteckend war.
Wäre schön, wenn Du Lust hättest, mit uns das glückliche Ende zu feiern.

Viele Grüße
Christine

3. An: Martin Breitfeld, Lektor KiWi-Verlag

Lieber Martin,
ich glaube, ich kenne niemanden, der mit so viel Sanftheit so viel Druck machen kann wie Du. Klaglos hast Du auch noch die miesesten Ausreden der beiden Autoren hingenommen, wenn die zum zigsten Mal einen Termin nicht eingehalten hatten.
Wirf die Mails mit diesen unsäglichen Ausflüchten bloß nicht weg.
Wenn in wenigen Jahren Dein berühmtes Standardwerk: »Mein Leben als Lektor oder Wie ich meine Nerven ruinierte« erscheint, werden sie als überzeugendes Anschauungsmaterial dienen.
Ich schreib Dir eine Widmung vorne ins Buch:

Postskriptum

Für Martin, den Sanften!
Gegen seine Geduld ist die eines Engels eine cholerische Lachnummer.
Wir wollen mit Dir feiern. Unbedingt. Lange und viel. Und uns bedanken.
Bitte komm mit zum Italiener.

Herzlichen Gruß
Christine

P. S. Falls Du nicht kommen kannst und eine gute Ausrede brauchst, frag uns.

4. An: Jochen

Du Lieber,
so weit geht vermutlich nicht mal Deine Liebe, dass Du mit mir zum Sparbrötchen-Italiener gingest. Obwohl …
Nee, doch, muss ich wirklich sagen.
Kein Problem.
Nee, wirklich.

Danke, Jogi, für Deine Unterstützung.

Eine Umarmung von
Christine